岩波現代全書

032

エラスムス

人文主義の王者

Gendaizensho
岩波現代全書
032

エラスムス
人文主義の王者

沓掛良彦
Yoshihiko Kutsukake

まえがき

このささやかな小著は、トマス・モアと並ぶ北方ルネッサンスの二大巨星でありながら、不思議なほどわが国では顧みられること少なく、ヨーロッパ文学・文化の専門家をも含む大方の読書人にとって、事実上、依然として「知られざる人物」としてとどまっているかに見えるデシデリウス・エラスムス(一四六九―一五三六年)の幾つかの横顔を素描してみようとの試みである。エラスムスという男は、いかにもルネッサンス人らしく、恐ろしく幾つもの貌をもつ人物であった。人文主義者、古典学者、翻訳家、語学者、神学者、聖書学者、校訂・編纂者、教育学者、諷刺作家、書簡文学者、ジャーナリストを一身に兼ね、加えて熱烈な反戦・平和主義者でもあった。彼がその六七年の生涯において遺した著作は実に膨大なものであって、一九六九年に最初の刊が出て以来いまだに刊行が続いている数十巻の膨大なラテン語による全著作集のほかに、全一一巻に及ぶこれまた膨大なラテン語書簡をすべて通覧し、その全体像を描くことはおよそ容易ならざる大業である。それはエラスムス研究を専門とはしていない著者ごときの到底よくするところではなく、たとえもう一度生き直したところで、とてもおぼつかない。『痴愚神礼讃』の英訳版の解説なども担当しているルネッサンス学者のA・H・T・レヴィが述べているところだが、エラスムスのように、途方もなく多方面にわたって膨大な著作を遺した人物の仕事は、専門家といえどもその全領域をカバーできるものではなく、その全体像をとらえることは、専門化が進んだ現代の研究者には無理である。それをなし得るのは、エラスムスと同程度の博識と学殖を有する知的巨人のみであろう。しいてその全体像、「全貌」を描こうとすれば、いかにも総花的で表面をなでただけの、小百科事典を貼りあわせたようなものとならざるを得ない。それは本書の著者の最も避けたいところである。

著者のエラスムスへの関心は、もっぱら人文主義者、古典学者、文学者としてのエラスムスにあって、神学者、聖書学者としてのエラスムスにはない。したがって、小著の意図するところは、「人文主義の王者」として一六世紀のヨーロッパの精神世界に君臨したのみならず、近代に入ってラテン語教育が衰退するまで、ヨーロッパの知的世界に多大な影響力をもった一人の知的巨人が、キリスト教学以外の分野で成し遂げた仕事に眼をやって、古典学者、文学者してのエラスムスの側面を素描し、併せて最初の世界市民、徹底した非暴力主義を唱えた平和主義者としての、その姿を伝えるところにある。エラスムスの主要な著作は邦訳もあり、わが国の読者には決して未知の存在ではないが、その著作が広く知られているとは思われないし、古典学者、書簡文学者としての貌は、ほとんど知られてはいない。また文学者としてのエラスムスが論じられることも少なく、彼の代表作とされる『痴愚神礼讃』や『対話集』にしても、管見の及ぶかぎりでは、金子晴勇氏の『エラスムスの人間学――キリスト教人文主義の巨匠』(知泉書館、二〇一一年)で二章ほどを割いて、ふれられているにすぎない。

わが国におけるエラスムスへの関心の低さ、その等閑視は驚くに耐えるほどのものがある。従来わが国で北方ルネッサンスを代表するこの人物が、多少なりとも問題にされ、紹介されたり論じられたりしてきたのは、そのほとんどが宗教改革がらみにおいてであった。エラスムスと言えば、もっぱらルターによって成就した宗教改革の種を蒔いた人物としてのみ記憶されており、これまでにわが国でなされた数少ない、貴重なエラスムス研究は、主に神学者、聖書学者としてのエラスムスを対象としたものか、宗教改革史におけるその役割をあつかったもので、人文主義者、古典学者、諷刺作家としての側面が論じられたり紹介されたりすることが、あまりにも少なかった。またヨーロッパ史上屈指の書簡文学者でもあったこの人物が、トマス・モア、ギヨーム・ビュデをはじめとする同時代の人文主義者たちや第一級の人物たちと交わした、四〇〇〇通を越える往復書簡は、一六世紀のヨーロッパの知的状況を映し出すまたとない鏡であるが、これも重訳によるわずか一〇通ほどの翻訳があるのみで、わが国ではまったくと言ってよいほど紹介されていない。

私見によれば、わが国におけるヨーロッパ文化の理解・認識には、ふたつの大きな欠落がある。そのひとつはラテン中世への理解の浅さ、ないしは無知であり、もうひとつは北方ルネッサンスへの認識の浅さである。それを代表するエラスムスの紹介や研究は、著しく立ち遅れているのが実情かと思われる。ヨーロッパ文化を理解する上で欠かせない北方ルネッサンスが閑却されたり、そのキーマンであるエラスムスが敬遠されたりしてよいはずがない。一六世紀を「エラスムスの世紀」とまで呼ばしめたこの知的巨人の相貌を知ることは、この時代の西欧の精神風景、知的状況を把握するのに大きく役立つはずである。

またイスラム原理主義やキリスト教原理主義が現実世界において力をもち、世界の平和を脅かしている現状を顧みるとき、狂信をなによりも忌み嫌い、生涯をかけて寛容の精神の重要さを叫びつづけたエラスムスの精神を、改めて思い起こすに値すると言えよう。

そんなことを念頭に置いて、エラスムスという人物のまだわが国ではあまり知られていない貌を素描し、「知られざる」エラスムスを、少しでもわが国の読者に近づけたいというのが、著者の願いである。実際、本書の著者を含めキリスト教学・聖書学に疎い大方の日本の読者にとっては、エラスムスの宗教関係の著作は恐ろしく退屈なものであるが、代表作『痴愚神礼讃』や『対話集』となると話は別で、翻訳を通じてでもそのおもしろさは十分に伝わるものと思うし、読まれるに値する。また、イタリアでの覇権をめぐって列強が繰り返した愚かな戦争と、血で血を洗う苛烈な宗教戦争の時代を生きたエラスムスの、熱烈な反戦・平和主義者としての著作活動を知ることも、依然として宗教、それも多くは狂信に起因する国際紛争や内戦がやまない世界状況では、大いに今日的な意味があるのではなかろうか。狂信の敵としてのエラスムスの主張の一端なりとも、わが国の読者に知っていただければと思っている。

キリスト教とは縁の薄いわれわれ日本の読者が、エラスムスという男の著作に関心を寄せたり、なにがしかの魅力を感じることがあるとすれば、それはもっぱら上記の方面の作品においてであろう。わが国でラテン語で綴られた彼の宗教的分野の著作を読む人は、宗教改革史の専門家に限られようし、その数少ない邦訳や近代語訳を手にするのは、よほど奇特な人物に相違ない。その点を考慮し、また著者自身のエラスムスへの関心が、彼の宗教関係の著作以外に傾いていることもあって、本書はあくまでエラスムスという知的巨人がもつ多くの貌のうちの、これまで日本で知られることの少なかった部分に光を当て、その知られざる横顔を、できるかぎり簡潔に素描することに努めた。

この小さな本によって、同じ時代を生きたモンテーニュやラブレー、トマス・モア、マキャヴェリなどに比べても、あまりにも知られざる部分が多く、大方の日本の読者にはなじみの薄かったエラスムスという、そのかみの「人文主義の王者」を、わが国の読者のもとへ、少しでも引き寄せることができれば幸いである。少なくとも、「今エラスムスを読んでいます」、「いやいや、それはなんとも奇特なことで」というような会話が、読書人の間で交わされることがない日がくるのを冀《こいねが》うばかりである。

目　次

プロローグ
知られざるエラスムス

ホルバインによるエラスムスの肖像画

エラスムスと日本

エラスムスという名を聞いてわれわれ日本人はなにを思い浮かべるであろうか。大方の日本人にとっては、この異邦人の名はあまり耳慣れないものかもしれない。思うに、学校で世界史を学んだ折に、教科書で宗教改革についてふれられたあたりで、ルターとのかかわりで、そんな名の人物が出てきたような気がする、という人が多いのではなかろうか。中には、教科書の片隅に挿絵として載っていたであろう、ホルバインによる名高い肖像画を思い出す人がいるかもしれない。あるいは宗教改革について教室で学んだときに、これを評した「エラスムスが卵を産み、ルターがそれを孵した(Erasmus peperit ovum, exclusit Lutherus)」という有名なフレーズが出てきたことを、記憶している人もいよう。つまりはエラスムスと言えば、宗教改革にまつわる人物としてのみ、かすかに記憶の片隅に残っている程度の異邦人にすぎないというのが、実際のところではないかと思われる。残念ながらわれわれ大方の日本人、日本の読者にとっては、エラスムスに対する関心、知見はそれ以上の域を出るものではない。この地味な一人物が、当時は通用範囲のごく狭い地方語にすぎなかった英語で作品を書いた、シェークスピア(一五六四―一六一六年)などとは比較にならぬ高名な文学者、文人であったと聞かされても、納得のいかない人もいるのではなかろうか。

ホルバインの肖像画に描かれた、寒さを怖れるかのように黒い毛皮の襟のついた外套に深々と身を包み、半ば白くなった髪が覗いている黒い学者帽をかぶって、机に向かって鵞ペンを走らせ、なにやら一心不乱に綴っている鼻梁の高い男、あれが、今からわれわれがその横顔を窺い見ようとしている人物である。見るからに繊弱な典型的書斎人――ほかならぬこの人物こそが、その実かつてヨーロッパで「人文主義の王者」と呼ばれた超有名人で、スーパースターだったことを知る人は少ない。汎ヨーロッパ的な知識人、詩人、文人としてのゲーテやヴォルテールの知的活動や生産について知る人は多いが、エラスムスのそれを話題にする人は稀である。一六世紀を代表する作家としてモンテーニュやラブレー、マキャヴェリの名が広く知られ、またすぐれた邦訳によって読まれているのに、ヨーロッパ文化・文学の専門家をも含めて、エラスムスの著作を積極的に手に取ろうとする人は稀だと思われる。さらに言えば、エラスムスとともに北方ルネッサンスの巨星であるトマス・モアへの関心は高く、専門家による学会まであって、着実な研究成果を挙げているのに比して、概してわが国のヨーロッパ研究者のエラスムスへの関心は低く、管見の及ぶかぎりでは、その研究に従う人はごく少ない。これはなぜであろうか。ルネッサンス文化やヨーロッパ文化史においてこの人物が果たした役割の大きさを考えても、一六世紀という時代を「エラスムスの世紀」とまで呼ばしめたこの知的巨人は、この国では不当なまでに等閑視されてはいないだろうか。

エラスムスは、わが国でも決して未知のまたは未紹介の人物だというわけではない（以下、この節で挙げる書物の書誌については巻末の「文献案内」を参照。「文献案内」に挙げなかったもののみ本文中で書誌を示す）。その著作は、代表作とされる『痴愚神礼讃』が、すでに戦前一九四〇年に池田薫氏によって仏語訳から翻訳されており、翌年には、同氏によってシュテファン・ツヴァイクのエラスムス伝が翻訳・紹介されている（ステファン・ツワイク『エラスムス』池田薫訳、創元社、一九四一年）。フルード、ベイントン、マッコニカなどの研究書が翻訳出版されているほか、作品そのものとしては、『痴愚神礼讃』の渡辺一夫・二宮敬両氏の共訳による名訳があるのをはじめ、本書の著者による新たな原典訳もあり、抄訳ながら二宮氏による『対話集』の邦訳もあり、『平和の訴え』も箕輪三郎氏による翻訳がある。ほかには、キリスト教関係の著作も、幾つかは篤学の士によって翻訳されているから、邦訳で読むことができる。もっとも、『痴愚神礼讃』を除くと、それらはいずれも絶版であったり、新たに入手するのがむずかしいこともあって、一般の読者の眼にふれることは少ないものと思われる。それに「まえがき」でふれたように、稀代の大著作家エラスムスには、いまだわが国の読者には紹介されていない貌もあり、全体としてわが国では、あまり「知られざる人物」のままであると言っても過言ではなかろう。著者の知るかぎりでは、ヨーロッパ研究の専門家でも、エラスムスを読み、それに通じている人はごく稀であるから、その作品が読まれているとはとても言えそうにもない。そんな状況において、『痴愚神礼讃』の名訳を世に送った渡辺一夫氏が戦後発表したエラスムスをめぐる一連の論考は、ユマニスト（人文主義者）としてのエラスムスの貌をわが国の読者に知らしめる上で、きわめて貴重な先駆的研究として珍重に値するものである。「エラスミスムについて」（「エラスムス雑録（一九三六年―一九六八年）」、『渡辺一夫著作集』第四巻「ルネサンス雑考」中巻（増補版）、筑摩書房、一九七七年所収）、「『痴愚神礼讃』を思い出して」（同上）、「デシデリウス・エラスムスとトマス・モーア」（同上）などの文章は、氏による『痴愚神礼讃』の名訳とともに、今日なお味読するに足るものをもっている。ただ惜しむらくは、渡辺氏の播いた人文主義者としてのエラスムス研究は、その後わが国の土壌で大きく花開くことはなかったようである。

　知的世界におけるエラスムスの比重について言えば、キリスト教文化圏と非キリスト教国という相違を考えれば、当然かもしれないが、欧米ではエラスムスは依然としてルネッサンスの代表的思想家・文学者として重く見られ、その主要な作品はルネッサンス文学の一角に不動の位置を占めており、ラテン語教育の衰えた今日ではもっぱら近代語訳によってではあるが、広く知られ読まれているのである。無論、専門家によるエラスムス研究はますます盛んになり、より精緻なものとなっている。この点では、彼我の懸隔は途方もなく大きいとしか思えないのである。

　明治維新以来すでに一五〇年近くを経て、わが国のヨーロッパ文学研究は大いに進展し、ギリシア・ローマの古典をはじめ、ヨーロッパ文学はその紹介や研究が進み、全体として精細の度をましているのに比して、エラスムスは、彼がヨーロッパの精神世界で果たした役割の大きさにもかかわらず、不当なまでに冷遇され閑却されているとの感が深い。これはひとつには非キリスト教国であるわが国では、宗教改革の過程で登場することの多いこの過去の人物への関心が薄いこと、またエラスムスの掲げた「キリスト教人文主義」というものが、わが国の精神的土壌になじまないという事情もあろう。さらに言えば、わが国の知的状況が、この巨人に体現されている人文主義の精神が理解されるほどには成熟していないということもあろう。エラスムスが閑却されているのは、それ以上に、この人物が、不幸にも「谷間」の存在となっているところに、その原因があろうかと思われる。

「まえがき」でもふれたように、彼の全著作はラテン語で書かれているのだが、西洋古典の専門家は、古典ラテン語から見て「不純な」ルネッサンス・ラテン語の著作を、はじめから軽んじて読もうとせず、一方ルネッサンス文学の専門家もイタリア語、フランス語、英語といった近代語の作品のみを相手としているため、超国家的な存在であるエラスムスのようなラテン語作家は、双方から敬遠されて、「谷間」に埋没してしまっているのである。かつてはエラスムスを汎ヨーロッパ的な存在とした、人文主義的ラテン語が、皮肉にもエラスムスを近づきにくいものとし、その十分な研究や紹介を妨げているというのが、わが国の現状ではなかろうか。その全著作が、ラテン語という超国家的言語で書かれているため、専門化、細分化したわが国の各国文学の研究者からは、どうやら完全に敬遠され、ときには無視されているとしか思えない。エラスムスと同じく北方ルネッサンスの巨星であるトマス・モアの場合は、『ユートピア』などのラテン語作品のほかに、英語による著作を遺していることもあって、早くも明治時代に『ユートピア』が翻訳・紹介されたばかりか、その専門家、研究家も少なからずいて、研究が着実に進展しているのにひきかえ、エラスムスはその研究も紹介もまだまだ乏しい。そんな状況の中で、二〇一一年に世に出た金子晴勇氏の『エラスムスの人間学』は、エラスムスの全体像を描こうとした意欲的な試みとして注目に値する労作であるが、文学者、古典学者としてのエラスムスへの言及が乏しく、往復書簡を通じての人文主義者との交流にふれられていないのは惜しまれる。

考えてみればこのような状況は、やはりわが国におけるヨーロッパ文化の理解に見られる歪みであり、欠落にほかなるまい。エラスムスへの理解なくして、ルネッサンスや一六世紀の精神世界、知的風景の十全な把握はあり得ない。北方ルネッサンス理解のために、いやルネッサンス期のヨーロッパの思想、文学、文化全体の理解のためにも、エラスムスはもっと知られ、読まれてもよい著作家である。それに加えて、エラスムスからヴォルテールへと受け継がれた宗教的寛容の精神、非暴力による国際協調と融和尊重の姿勢――これもまた今日われわれがエラスムスから学ぶべきことかと思われる。

そのためには、エラスムスとはそもそもどんな存在であったのか、それをわが国の読者に知ってもらう必要がある。またこの人物の主要な文学作品をとりあげて、諷刺作家、文学者としてのその魅力をも伝えねばならない。これはエラスムス研究の専門家ではない非力の著者には手にあまる仕事だが、微力を尽くして、いまだ「知られざる」エラスムスの姿に主として光を当てて、その横顔なりとも明るみに出してみたい。

知的巨人の栄光と凋落

エラスムスとは誰か。それを知っていただくためには、この稀有の人物の生涯と事績をたどってみなければならないが、そこへ踏み込むのに先立って、この繊弱な肉体をもった一人の小男が、過去のヨーロッパにおいて、どれほど輝かしいスーパースターであったのか、そのあたりを眺めておきたい。また筆一本でヨーロッパ文化史上未曾有の成功を収めたこの人物が、その後の世界で、ほぼ同時代を生きたモンテーニュ、ラブレー、マキャヴェリ、トマス・モアなどルネッサンスの知的巨人たちの下風に立ち、より影の薄い存在となってしまったのはなぜかということについても、ふれておく必要があろう。

デシデリウス・エラスムスは、かつてはヨーロッパで最も広く知られた人物であった。彼は「人文主義の王者」と呼ばれ、当時のヨーロッパで知らぬ者なき博学無双の高名な人文主義者、文人、ジャーナリストとして、一六世紀の知的世界に君臨した存在であって、その膨大な著作や書簡はヨーロッパ全土で争って読まれ、知識人や貴顕、名士たちを熱狂させ、人々の畏敬の的であった。事実上最初の汎ヨーロッパ人であり、みずから世界市民をもって任じたエラスムスは、彼に敵対したさる修道士が、罵って「空飛ぶオランダ人」と呼んだように、生涯祖国と定住の地をもたず、オランダ、フランス、イギリス、イタリア、ドイツ、スイスと渡り歩いたが、いずれの地にあっても、中年以後その名声は嘖々《さくさく》たるものがあった。ヨーロッパ全土に轟いていた名声に惹かれ、諸国の王侯貴族は、自国の文化に華を添えようとして、三顧の礼をとって彼を招こうと必死に努めたものであった。各地の大学からの招聘は引きもきらず、その名声の前には教皇さえもが頭をたれ、その著作に至っては、当時としては驚異的な大ベストセラーとなった『痴愚神礼讃』、『格言集』をはじめとして、貪るように読まれ、彼の書簡などは知識人の宝物のようにあつかわれたものであった。まさに現在では想像もつかないほどの、スーパースターだったのである。ヨーロッパ文化史において、かつて一人の文人が、これほどにも多く注目を集め、華々しくその名を謳われたことはなかったと言ってよい。

しかしその全ヨーロッパを覆いつくした名声にも、やがて火の玉のごときルターが口火を切った宗教改革運動が熾烈なものになるにつれて、少しずつ翳りが射すようになった。腐敗したカトリック体制を内部から痛烈に批判することで、宗教改革の火付け役を演じながら、彼一流の優柔不断と争いを好まぬ性格ゆえに、宗教改革運動で戦闘的なルターに積極的に与しなかったため、新教徒の側から卑怯な風見鶏として、激しく攻撃されるようになったのである。その一方でまた、カトリック側からは硬直化し、腐敗しきった体制批判をやめない獅子身中の虫、異端の匂いのする人物として敵視され、排撃されるという悲哀をも味わうこととなった。その徹底した非行動性と、暴力を否定し、宗教上の寛容を説いて、民心を啓蒙することで融和と和解がもたらされるものと信じたことが、新教徒、カトリック双方からの攻撃を招いたのである。ルターが、もはや絶望的なまでに重い病に冒されていた病人にも等しいカトリック体制を癒すには荒療治しかないと決意して行動に踏み切ったのに対して、エラスムスは、「よき学問」という薬の服用によって病が治せるものと、信じていたのであった。その上悲劇的なことには、苦悩の末にカトリックの陣営に踏みとどまったにもかかわらず、死後二二年経った一五五八年には、時の教皇パウルス四世によって「第一級の異端者」との烙印を押され、その全著作が禁書目録に載せられ、焚書の憂き目を見るという悲運にも遭わねばならなかった。

にもかかわらずエラスムスの著作は在世中は無論のこと、死後もなお広く読まれつづけ、近代に入るまで持続的にヨーロッパに大きな影響力をもつこととなった。一六世紀におけるその名声と知名度の高さ、影響力の大きさはヨーロッパ文化史上比類がないもので、その点では、汎ヨーロッパ的な存在であったゲーテやヴォルテールも遠く及ばぬと言ってよい。「人文主義の王者」と呼ばれ、ヨーロッパの知的世界に君臨したエラスムスは、トマス・モアをはじめとする各地の高名な人文主義者たちと、さらには当時の一流の知識人や、ヘンリー八世など王侯貴顕の士としきりに書簡を交わし、その発言力は絶大なものがあった。

中年以後エラスムスの名声がヨーロッパ全土に轟くようになると、ヨーロッパ中の知識人や貴顕たちが、あたかも聖地へでも巡礼に行くかのように、「エラスムス詣で」をはじめるようになった。あまりの「参詣者」の多さにエラスムスは悲鳴を上げ、これでは仕事をする暇もないと、書簡の中でこぼしているほどである。当時のヨーロッパでは、「エラスムスを見た」、「エラスムスとことばを交わした」というだけで、その人物がたちまち名士になってしまうと言われたほどであるから、絶大な人気を誇るそのスーパースターぶりが窺われようというものである。まして偶々エラスムスの書簡でも入手できれば、それはもう千金にも値するものと見なされたのであった。

エラスムスはかくて「普遍博士」、「学問研究の父」、「世界の光」、「世界の師」などと世に遍く称えられ、一六世紀のヨーロッパの知的世界に君臨し、しばしば一六世紀を「エラスムスの世紀」とまで呼ばしめるような、文字どおりの知的巨人として、この時代の知的世界のヘゲモニーを握っていたのである。彼は一六世紀において最も大きな影響力をもった教師であった。後期ルネッサンスとも言われる一六世紀は数多くの人文主義者を輩出し、彼らは強い連帯感で結ばれていたが、その中でもエラスムスは一段と強い光芒を放っており、その盟主とも言うべき存在であって、各地の人文主義者たちは、エラスムスと書簡を交わすことを、非常な名誉としていたのであった。ラブレーのようなすぐれた大作家でさえも「師なかりせば余はあらざりき」との感謝の書簡を送って、エラスムスを師と尊崇して、「慈父にして祖国の栄誉、文芸の守護神」と称えていることからも、エラスムスがどれほど当時の人々から崇拝されていたかがわかる。

さほどの比類なき名声を、エラスムスにもたらしたものはなにかと言えば、それはひとえに彼の文筆の力であった。一口に言って、エラスムスの生涯は、「もの書く男(homo scribens)」としてのそれであったと言ってよい。エラスムスはその繊細なか細い手にした筆一本によって、強大な世俗権力や宗教界の権威にも対抗し、ときにはそれらを揺るがせ震撼させるほどの力をもつまでになったのである。元来一司祭の私生児として生まれたという後ろ暗い過去をもち、強制的に入れられ教育を受けた修道院を捨てて世俗世界に活躍の場を求め、修道院への復帰を拒んで以来、「もの書くこと」が、その生涯のはかりごととなったのである。前半生は家庭教師やラテン語の個人教授によって糊口をしのぎ、あるいは食客となり貴顕の士の庇護を求めて、「物乞い」のような生活を送っていたのが、この人物であった。それが筆一本の力でゆるぎない名声を築き上げ、ひたすらその頭脳の生み出したものによって、ヨーロッパ全土の精神世界に君臨したことは、やはり驚くべき文化現象ではあるまいか。

エラスムスという博学無双の男は、繊弱な体の持主であり蒲柳の質であったにもかかわらず、想像を絶する精力的な著作家であった。『対話集』には「ポリュグラフス」(多作家)なるもの書きの名が登場するが、言うまでもなく彼自身のことである。修道院での修学時代から死の床につくまで、膨大な量の著作や翻訳を、倦むことなく洪水のごとく書き流し、その幾つかはヨーロッパ文化史上空前の大ベストセラーとなったのである。エラスムスがその膨大な著作を生んだ究極の目的は、彼の標榜する「キリスト教人文主義(humanismus Christianus)」を推し進め、その理念をヨーロッパに普及させ浸透させるところにあった。つまりギリシア・ローマ古典のもつ高度に洗練された理性的文化の教養と、キリスト教信仰を統合することによって、中世スコラ神学によって歪められてきたカトリック信仰を、より純粋で高次な信仰へと返そうというのである。それを目的として、孜々《しし》として学問に励み、寝食を忘れて膨大な著作をなしたのが、「もの書く男」の生涯だったと言ってよい。哲学であれ修辞学であれ、すべての学問研究はキリストを知り、キリストを讃えるためになされるのである、というのが彼の牢固たる信念であった。

エラスムスの著書には大部のものが多い。幸い彼の代表作とされる『痴愚神礼讃』は小品だが、今日なお生きた文学として生命を保っている『対話集』は、版を重ねるたびに新たな「対話」を増やして最後には浩瀚な作品となっているし、古典学者としての最大の業績である『格言集』にしても、同じく版を重ねるにつれて増補に増補がなされて膨れあがり、これまた大変な大冊である。ギリシアには“Mega biblion, mega kakon”(大著は大禍)という格言があるが、『格言集』を編んだこの古典学の大先生はこれをご存知なかったのであろうか。ホルバインやデューラー、クエンティン・マサイスによる名高いエラスムスの肖像画が、いずれも執筆中の姿を描いているのは、「もの書く男」としてのその本質をよくとらえたものだと言える。しかもそれをすべて母語ではなくラテン語で書いたのであるから、とても人間業とは思えないほどの力業である。

ちなみに、エラスムスがあの膨大な著作を生んだ経緯に関しては、こんな話が伝わっている。彼が自分の書いたものに満足していないと聞いたさる人物が、「あなたはご自分の著書にご不満だと伺いましたが、それならなぜあんなに本を書くのです」と訊いたところ、「私は眠れないからなんです」と答えたというのである。エラスムス一流のはぐらかしだが、事実彼はせいぜい一日四時間足らずしか睡眠をとらず、目覚めているかぎりは読書をし、また筆を握ってものを書いていたのである。彼にとって、ものを書くことはすなわち生きることにほかならなかった。

エラスムスがその在世中に名高い存在となり、ヨーロッパ全土に影響力をもつ存在となったのは、彼が書簡を含む全著作を、当時のヨーロッパ知識人の共通語であり国際語であったラテン語で書いたためであるが、またひとつには、当時における印刷術の急速な発展と出版業の興隆という事情も加わっていた。エラスムスが生きていた時代にはラテン語は死語などではなく、知識人にとっては生きた言語であって、大学や学校での講義は無論のこと、知識人同士の会話にさえも用いられていたのである。エラスムスが著作するにあたって、通用範囲も狭く文学的伝統も乏しいオランダ語によらず、ラテン語を用いたのは、当然のことであった。骨の髄まで「フィロロゴス」(ことばを愛する男、文献学者)であったエラスムスは、語学の才に恵まれていたが、俗語がどの程度できたかは明らかではない。パリで学んだのであるから、フランス語も日常生活に困らぬ程度は解したであろうし、ドイツ語は彼の母語であるオランダ語に近いから、習わずとも理解できたであろうが、イギリスに何度も滞在したにもかかわらず、当時は地方語ないしは土語にすぎなかった英語はまったく解さなかった。俗語の世界はまったく関心外にあって、ギリシア語、ラテン語以外の書物は一切読もうとはしなかったのである。イギリスに滞在しながらもチョーサーも知らず、ルターのドイツ語の著作なども、自分には読めないから読んだことはないと言っている。同時代人であるマキャヴェリの著作も知らず、彼にとって、俗語で書かれた中世の作品たとえばアーサー王物語などは、野蛮と蒙昧の象徴でしかなかった。イタリア滞在中にも、ダンテやペトラルカさえ手にした気配はない。仮にダンテのラテン語作品をひもとくようなことがあったとしても、中世風なところを多分にとどめた、その非人文主義的なラテン語におぞけをふるって、ただちにそれを投げ捨てたであろう。

エラスムスの膨大な著作が広く流布し、影響力をもつに至ったのは、やはり印刷術の進歩によるところが大きい。この空前の多作な著者が執筆生活に入った時代は、ちょうどヨーロッパで印刷術が発達完成し、それまでの手写本に代わって、活字本が大量に刊行された時代でもあった。エラスムスこそは、まさにその活字本の申し子であって、その著作活動は、彼が深くかかわったヴェネツィアのアルド・マヌーツィオの印刷工房や、バーゼルのフローベンの出版事業と緊密に結びついていることを見逃してはなるまい。エラスムスが在世中に、当時のヨーロッパ全土に及ぶ大ベストセラーとなった『格言集』、『痴愚神礼讃』、『対話集』、『キリスト教兵士提要』といった書物の著者として世に遍く知られるようになったのも、新約聖書のギリシア語原典の校訂と新たなラテン語訳という画期的な事業によって、その名声をさらに輝かしいものとしたのも、活字本の普及によるところが大きかったと言える。エラスムスは今日で言うジャーナリストでもあり、活字本として大量に出回った書物を通じて、博学無双のこの知的巨人の発言や思想が、それまでは想像もつかなかったほどの絶大な影響力をもつに至り、エラスムスを知的世界の王者の位置にまで押し上げたのであった。

さてさほどにまで名高く、影響力も絶大であったにもかかわらず、近代に入るとエラスムスの影は急速に薄れていくこととなった。ほかでもない、その全著作がなかなかに難解なラテン語で書かれていたため（厳密には、ギヨーム・ビュデ宛のギリシア語による書簡なども少々あるが）、ナショナリズムの発達にともなう、近代語による教育の強化によって、ラテン語の重要性が失われ、ラテン語教育が衰退すると、エラスムスの著作は、にわかに一般の読者には縁遠いものとなってしまった。皮肉にも、エラスムスを汎ヨーロッパ的な存在としたラテン語が、逆に彼の凋落を決定づけたのである。その点で、モンテーニュやラブレー、マキャヴェリが、ラテン語によらず母語で作品を書いたため、時代とともに文名が高まったのと、著しい対照をなしている。仮に、生まれたときからラテン語で育てられ、ラテン語が母語同然であったモンテーニュが、その『随想録』をラテン語で書いていたら、彼もまたエラスムスと同じ運命をたどったことであろう。近代以後のエラスムスの人気衰退のありさまは、明治維新以後、漢学を捨てて洋学に乗り換えた日本人にとって、江戸時代に隆盛をきわめた漢文による著作が、にわかに近づきにくいものになってしまったのに似ているとも言えよう。狂詩・戯文によって江戸末期の文芸界の一大スターとなり、膨大な漢詩文や戯作、随筆を書きまくって、五歳の童子といえどもその名を知るほど、日本中に文名が轟いていた蜀山人大田南畝が、今や江戸文学の専門家にしか読まれなくなってしまったようなものである。かくして、エラスムスが遺した膨大な著作は、ルネッサンスの古典としての位置を獲得した幾つかの主要な作品を除くと、ルネッサンス研究の専門家か、宗教改革史の専門家のみのものとなってしまったのである。その人気凋落ぶりは、かつてわが国の国民詩人的存在であり、『日本外史』の著者として令名のあった頼山陽の、戦後における運命を思わせるものがある。それにしても、一八世紀の知的巨人ヴォルテールが遺した一八〇巻もの膨大な著作のうち、今日もなお読まれているのは片々たる小品『カンディード』のみ、という残酷な現実を考えると、著者を火葬にするに足るほどの大量の著作を生み出すのはいかがなものかと、改めて思わずにはいられない。

このように、ラテン語教育の衰退にともなうエラスムスの凋落は確かではあるが、そのすべてが忘れられ、顧みられなくなったわけでは決してない。エラスムスの著作で、今日でもなお欧米では広く読み継がれ、人気を得ているのは、モアの『ユートピア』などと並んで、ルネッサンス文学の不朽の傑作として知られる『痴愚神礼讃』、『対話集』などであり、また『平和の訴え』といった作品であろう。こればかりは北方ルネッサンスの生んだ古典として、モアの『ユートピア』などとともに、今後もさまざまな翻訳を通じて生き残り、多くの人々に読まれつづけることは間違いない。もはや歴史的意義をもつにすぎない古典学やキリスト教関係の著作とは異なり、ラブレーやモンテーニュの作品と同じく、これらの諷刺作品には、ルネッサンスの人間像が息づいていて、現代に生きるわれわれをも魅了し得るからである。これら代表作のほかにも、欧米では書簡集の抄訳やキリスト教関係の著作などの近代語訳も出ているが、そういうものがどの程度一般の読者に知られ、読まれているかは、著者には明らかではない。ラテン語という鋼鉄の箱に封じられているため、膨大な著作の大部分は、専門家以外に読まれることは、まずないものと思われる(エラスムスの近代語訳の著作集として、いまだにトロント大学から刊行が続いている英訳版やほかには仏訳版もあるが、これらはいずれも専門家向けのもので、一般読者に読まれることは少ないであろう)。言ってみれば、わが国ではいまだ知られざるところの多いエラスムスは、ヨーロッパにおいても往昔ほどは知られざる存在になったということである。「人文主義の王者」は、その王座を下りて、トマス・モア、モンテーニュ、ラブレー、マキャヴェリなどとともに、輝く星座を構成するひとつの星となったのである。落ち着くべきところに落ち着いたと言うべきなのだが、在世中におけるその名声があまりにも華々しく、まばゆかったために、近代以後の凋落が目立つにすぎない。かつてはヨーロッパの知的世界に君臨していたエラスムスが、近代に入ってからその影を薄くしたことについては、わが国でも比較的よく知られているシュテファン・ツヴァイクの『エラスムスの勝利と悲劇』(内垣啓一・藤本淳雄・猿田悳訳、『ツヴァイク全集』第一三巻、みすず書房、一九六五年所収)で、こんなふうに言われている。

　ロッテルダムのエラスムスと言えば、かつてはその世紀の最も偉大で最も輝かしい名声の持主であったのに、今日ではもはやほとんど一つの名前以上のものではない。忘れさられた超国民的言語、あの人文主義《ユマニスム》風ラテン語で綴られた彼の無数の著作は、ほうぼうの図書館のなかで妨げられることのない眠りをむさぼっている。かつては世界的な名声を博したそれらのどれ一つとして、今日なおわれわれの時代に向かって語りかけるものはまれである。(同書、七頁)

ツヴァイクのこの文章が書かれたのは、今からもう八〇年も前の一九三四年のことだが、その後のヨーロッパにおけるエラスムスへの関心と認識にはどのような変化があったか、本書の著者は、その点を具体的には明らかにし得ない。ただひとつ言えるのは、エラスムスの著作の「どれ一つとして、今日なおわれわれの時代に向かって語りかけるものはまれである」とするツヴァイクの主張は、どう考えても明らかな誇張だということである。エラスムスの主要な作品はルネッサンスの古典として立派に生きつづけていて、翻訳を通じてではあるが、今日なお読まれ、版を重ねている。『痴愚神礼讃』だけでも、中国語訳をも含めて、何十種類もの翻訳がある。確かにツヴァイクの時代以後も、前世紀の半ば過ぎまで欧米におけるエラスムスへの関心はさほど高くはなかったが、それ以後ようやく北方ルネッサンスや一六世紀におけるその役割と重要性が正しく認識されるようになったようである。エラスムス研究は近年ますます盛んとなって、着実に進展を重ねており、研究文献も増大の一途をたどっている。このことからも、現在ではこのルネッサンスの知的巨人が、ヨーロッパ文化史・思想史の上で、重要な位置を占める存在として認識されていることがわかる。この点に関しては、わが国の状況は悲惨なほど立ち遅れていると言わざるを得ない。

ちなみに、今日ヨーロッパ諸国圏内での留学生交換プログラムが、「エラスムス計画」と呼ばれていることは、エラスムスの国際協調の精神への理解が、失われていないことを示すものではなかろうか。

一六世紀を「エラスムスの世紀」とまで呼ばしめるほどになった、往古の「人文主義の王者」の運命の消長は、ざっと以上のようなものである。それを一瞥したところで、次にはこの「空飛ぶオランダ人」の、ヨーロッパを股にかけた足跡と仕事を追って、生涯と事績とをスケッチしてみよう。

第Ⅰ部

エラスムスとは誰か

――その生涯と事績をたどる

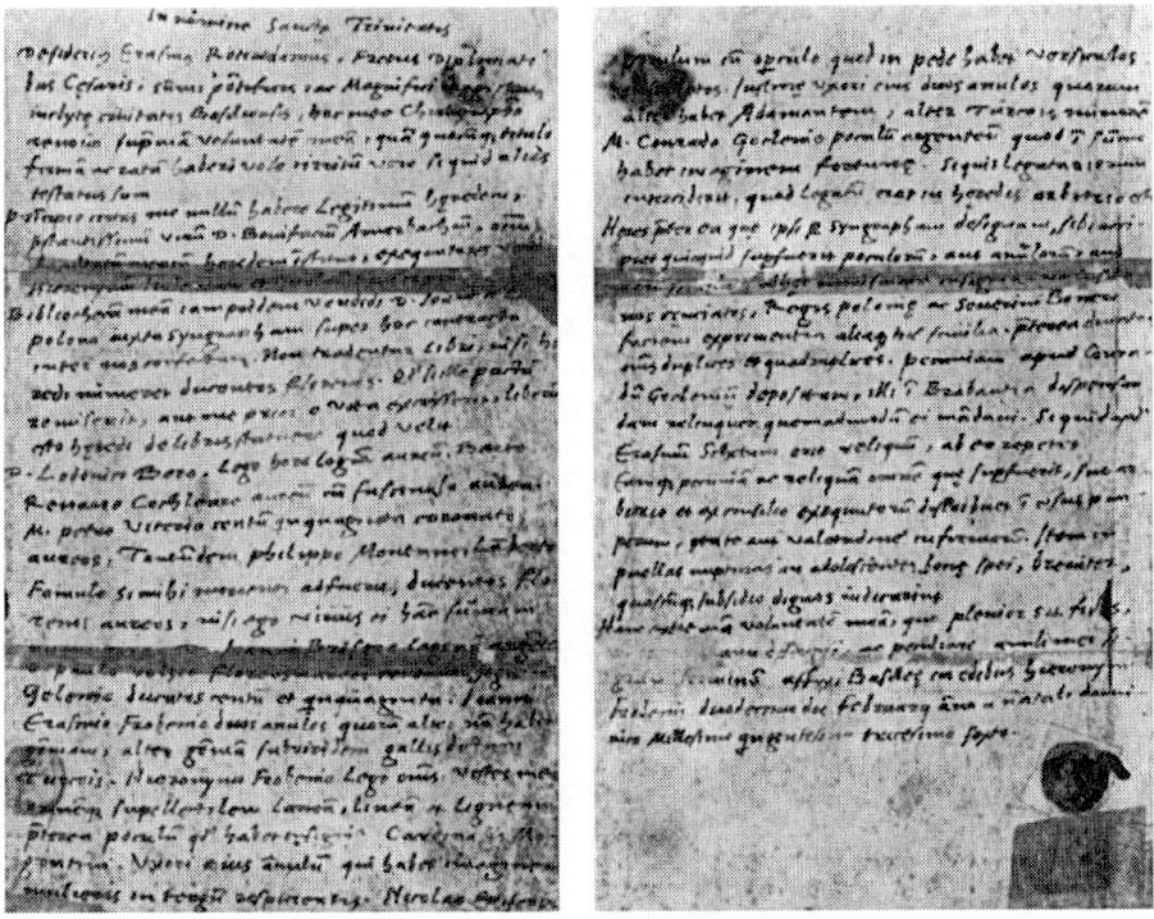

エラスムスの遺言状

修学時代から最初の渡英まで

六七年に及ぶエラスムスの生涯を、彼が踏んだ足跡を追って概観し、その事績をたどってみると、ほぼ以下のようになるであろう。

デシデリウス・エラスムスは、一四六九年(生年に関しては、六六年、六七年とする異説もある)当時はブルゴーニュ公領だったネーデルラントのロッテルダムで、ヘラルトという名のさる司祭の私生児として生まれた。母マルガレータは医者の娘であった。奇しくもマキャヴェリと同年の生まれである。エラスムスというのは、聖人である聖エラスムスにちなんでつけられた洗礼名であり、デシデリウスとみずから名乗ったのは、一四九六年、二七歳になってからのことである。本名はゲールトといったらしい。彼には三歳年上の兄ピーテルがいた。司祭の私生児だったため、父方の姓であるヘラルディを名乗ることができず、生地の名を姓としてロテロダムスと名乗ることとなった。聖職者の私生児として生まれたという暗い過去は、その後エラスムスを長く苦しめ、聖職者として生きていく上で不利であったし、彼の論敵たちに攻撃の口実を与えることにもなった。

父は当時の聖職者にしばしば見られたように不法な結婚をしていたわけだが、イタリアに学んだ経験もあって相当な教養もあり、ギリシア語も解し、かなりの蔵書を有する人物であった。エラスムスは兄とともにハウダで初等教育を終えると、デフェンテル市の共同生活兄弟会が経営する学校で中等教育を受けた。この頃の最大の関心と学習の中心は、彼が生涯にわたって事実上の母語としたラテン語であった。一四八三年、中等教育を修了し大学入学資格を得たが、この年に流行した疫病のため両親を相次いで亡くし、孤児となった。大学入学を希望したが、後見人の手で兄とともに共同生活兄弟会付属の寄宿学校に入れられ、そこで二年間を過ごす。大学進学の夢を断たれ、後見人の勧めで、というよりも強いられて、シオンの修道院に入った兄に続いて、ステインの修道院に修練士として入った。一八歳のことであったが、ここで修道誓願を立てたエラスムスは、以後一五一七年教皇レオ一〇世から修道士の身分を離れる特別許可状を得るまで、世俗世界で暮らして修道院へは戻らなかったが、身分上はあくまで修道士であった。エラスムスが修道院へ入ったのは信心のためではなく、後見人に強いられてのことであったが、これは学問をするのには必ずしも不適切な場所だったというわけではない。修道院の豊富な蔵書を利用して、神学よりもラテン語・ラテン文学の勉学に打ち込み、若くしてその方面に深く通ずることとなったからである。この時代に彼は、主要なラテン語詩人の作品をほとんど読破している。ここでの勉学が、後年の人文主義者・古典学者としての基礎を築いたと言えよう。また早くから著作活動にも手を染め、二〇歳そこそこで『現世蔑視論』、『反蛮族論』を書き、前者は一五二一年に公刊、また異教徒のものであるギリシア・ローマ古典を危険なものとして敵視する無教養な「野蛮人」つまりはスコラ学者に対し、神学研究における、彼が「よき学問（bonae litterae）」と呼ぶ古典の教養の必要性を力説した後者は、一五一八年に、一巻の書として刊行されることになる。旧套墨守、頑迷固陋な上に無知蒙昧で中世的スコラ哲学・スコラ神学にしがみついている「野蛮人」は、彼の掲げる「キリスト教人文主義」の敵であった。

異教の古典を重んずる古典尊重、古典主義と、キリスト教精神を融合させようとするいわゆる「キリスト教人文主義(humanismus Christianus)」はペトラルカ(一三〇四—七四年)にはじまるとされるが、ペトラルカが異教ラテン世界に深くのめりこんでいったのに対し、エラスムスが早くから、「よき学問」を、あくまで神学・聖書研究のための予備課程としてとらえ、副次的なものに位置づけていたことは注目される。エラスムスが異教ローマの古典から学び取ったものは、文法学、修辞学、弁証法など主として言語表現に関するものであって、哲学的・思想的なものではなかった。当時の人文主義者たちの中には、異教の古典に心酔するあまり、キリスト教信仰が薄れ、それから離れてしまう人々もいたが、エラスムスはそうはならなかった。異教的なものに過度に深く踏み込んで、キリスト教信仰を外れることは、エラスムスの、最も警戒するところだったのである。

彼が一五〇四年に世に問うた『キリスト教兵士提要』でも、聖書を学ぶ初期の段階では、異教の詩人や哲学者たちの著作を武器ないしは道具として学ぶ必要は認めつつも、それに深入りしてはならないと警告を発しているのが見られる。また一五一五年、『格言集』改訂版の刊行によって、古典学者としての名がヨーロッパ全土に知られていたエラスムスは、ドイツの神学者でヘブライ語にも精通していたヴォルフガング・カピトに宛てた書簡の中で、「ただ私が懸念を覚えますのは、古代の学問の再生という仮面をかぶって、異教主義が頭をもたげようとしていることで、キリスト教徒の間でも、キリストをただ名目だけは認めるものの、異教精神に骨の髄まで浸っている者たちがいることです」(一五一六年四月付)と述べている。「和魂洋才」にも似た「キリスト教精神に異教の学オ」というのが、エラスムスの掲げた方針であった。ホイジンガは、そのようなエラスムスについて、彼の思想上の世界を、「純粋な古典主義と純粋な聖書的キリスト教の合成物」と評している。エラスムスにあっては、古典尊重はあくまで形式面に限られるのであって、古典からはキリスト教精神と調和し、合致するもののみを選び採るべきだというのである。

それはともかく、いずれにしても、二〇歳そこそこでこれだけの著作をなしたことを見ても、驚くべき早熟ぶりで、ここに早くも後の大著述家の片鱗が窺われるのである。

一四九二年司祭に叙階されたエラスムスは、卓越したラテン語の能力を買われ、枢機卿になる望みを抱いていたカンブレーの司教ヘンドリクスのラテン語秘書となり、修道士身分のまま修道院を離れることとなった。これはエラスムスが世俗世界を活動の場とする人文主義者へと転身する上での、ひとつの転機だったと言える。カンブレーの司教の枢機卿就任は実現せず、この人物に従ってイタリアに遊学する夢も潰えたが、一四九五年、二六歳になったエラスムスは、彼に請うて、その援助を受けて神学研究のためにパリに出て、学寮長スタンドンクの過酷な教育で悪名高い、パリ大学のモンテーギュ学寮に学ぶ。これ以後死に至るまで続く、定住の地をもたぬままヨーロッパ各地を転々と移り住む、エラスムスの「空飛ぶオランダ人」としての遍歴生活が、ここにはじまったのである。彼が特定の祖国をもつことを拒む、「世界市民」、「汎ヨーロッパ人」としての自分を強く意識するようになったのは、このような生き方と深くかかわっていると見てよい。神学研究のために入った厳格な、というよりも過酷な教育方針で知られるモンテーギュ学寮だが、エラスムスは、ラブレーの揶揄によっても知られるこの学校の過酷な生活で健康を損ない、翌年には退学している。

この学校を去って三〇年も経ってから、エラスムスは『対話集』の「挨拶の仕方」中で、彼が辛い日々を過ごしたモンテーギュ学寮を、こんなふうに皮肉っている。


「どちらの監獄、それとも洞窟からおいでで?」

「モンテーギュ学寮からです」

「それじゃ学識たっぷりなんですね」

「とんでもない、虱《しらみ》でいっぱいですよ」


モンテーギュ学寮と学寮長スタンドンクの過酷な教育方針への恨みは、同じく『対話集』の「魚食い」の中で、若き日にこの学寮で学んだことがあると称する魚屋の口を通じて、

かちかちの固い寝床に寝かせ、まずい食いものをけちけち食わせ、徹夜徹夜の詰めこみ教育なんだな。おかげさまで最初の一年のうちに、実に有能な、天賦の才に恵まれた、将来性豊かなおおぜいの学生たちが、ある者は死んでしまい、ある者は失明し、ある者は精神に異常をきたし、ある者は癩病に倒れるという始末、おれのよく知ってるやつもそのなかになんにんかはいたな。実際ただのひとりだって危くないやつはいなかったんだ。これが隣人にたいする残虐行為だと思わない野郎がいるかね?（『対話集』二宮敬訳、渡辺一夫編『エラスムス　トマス・モア』（「世界の名著」22）、中央公論社（中公バックス）、一九八〇年所収、三三八―三三九頁）

と語られてもいる。この学寮への恨みは相当に深いものがあった。

エラスムスが生涯にわたって諸方の友人に書き送った書簡は、彼が生来蒲柳の質で、常に健康状態がすぐれず、絶えずさまざまな病に悩まされていたことを訴えている。恐ろしく繊細な神経の持主で憂鬱症と不眠症に苦しみ、神経過敏で過度の潔癖症でもあって、一切の不潔なものや粗暴なものは彼をぞっとさせ、おまけに生来胃弱で、ちょっとした暑さにも寒さにも耐えられず、絶えず隙間風を怖れ風邪を引きやすかった。エラスムスは学の道に志すこと深き人物であったが、「道に志して、悪衣悪食を恥ずる者は、未だ与《とも》に議《はか》るに足らず」（『論語』）というような論理は、この先生には通用しなかった。それを知ったら彼が双手を上げて賛意を表したであろうことは、「食は精《しらげ》を厭わず、膾《なます》は細きを厭わず。食の饐《い》して餲《あい》せると魚の餒《あさ》れて肉の敗れたるは食らわず。色の悪しきは食らわず。臭いの悪しきは食らわず」、「席正しからざれば坐せず」（同書）というような孔子の生活態度であったろう。食べ物にはうるさく、上等のものでなければならなかったし、常に上質のブルゴーニュワインで、冷えやすい体を温めなければいられなかった。オランダ人の食卓には欠かせない魚は胃袋が受けつけず、肉しか食べられなかった。不潔なものはなんであれ耐えがたく、清潔なベッドに、明窓浄机でなければ、その繊細な神経はもたなかったのである。それに加えて中年以後は持病となった腎臓結石に悩まされ、痛風の痛みに襲われ、腰痛に苦しみ、健康とは程遠い生活を送らねばならなかった。極度に病気感染を怖れ、挨拶のために接吻を交わす習慣を嫌った。中世以来ヨーロッパをしばしば襲ったペストを怖れること死神を怖れるよりもはなはだしく、どこかでペストが発生したと聞くなり、なにもかも打ち捨てて、できるかぎりその町から遠くへ遁走するといった具合であった。若いとは言ってもすでに二六歳になっており、ガラスのような神経と貧弱で弱々しい肉体をもつそんな男が、「腐った卵」の出る食卓と「虱だらけのベッド」での日々に耐えられるはずがない。神学研究の志は、過酷なモンテーギュ学寮生活の中で、まずは挫折したのである。エラスムスが、真のキリスト教信仰とは無縁な、煩瑣な神学論議を叩き込むだけの、中世的スコラ哲学・神学中心のこの学校から得たものは、それに対する激しい嫌悪感と侮蔑だけで、それ以外にはなにもなかったに等しい。だが在学中に、当時人文主義者として令名のあったロベール・ガガンに自作の詩と書簡を送って、その知遇を得たことは、大きな収穫であった。

エラスムスの生涯でひとつ眼につくことは、彼の世界には女性というものが、まったく影を落としていないことである。聖職者であったから、当然と言えば当然かもしれないが、それにしても徹底している。修道院時代に友人セルヴァティウスに寄せた感傷的な書簡は、あたかも恋文のようであるが、それを除くと、恋愛とか性愛といったものは、彼の膨大な書簡には一切顔を出すことはない。彼は中世以来ヨーロッパ人、とりわけ聖職者を支配していた「女性嫌悪」とはむしろ逆の態度をとった人間であり、女性には好意的であったが、その生活の中に女性というものが侵入してくる余地はなかった。女性は無学でよいとする当時の観念に反して、エラスムスは教養ある女性を高く評価しており、親友トマス・モアが娘たちに高い教育を施していることを、大いに称揚している。しかし彼の生活に女性が入ってくることはなかった。自分が聖職者という女性とは縁なき人生を選んだことは、「偶然であるにしても、理にかなったことであり、幸運だと思っている」というのが、その自己認識だったのである。

一四九六年には、それまでに書き溜めたラテン語詩を集めて、最初の詩集を出版したが、さしたる反響はなく、それによって文名が上がったわけではない。せいぜいラテン語にすぐれ、見事なラテン語詩を書く古典学徒として、少数の学者や文人たちの間で、その名を知られるようになったにすぎない。わが国の儒者たちが、詩才のあるなしにかかわらず嗜みとして漢詩を作ったように、人文主義者たちもラテン語詩を作ったが、今日退屈せずにそれを読むことはできない。多才なエラスムスも詩を作ったが、「散文に近い詩ほど自分を感動させる」と言っているだけあって、本質的に散文精神の持主であるエラスムスの詩は、ほとんどが退屈なルネッサンス・ラテン詩の中でも、とりわけ退屈である。その点で、文献学者、国学者として偉大な本居宣長が、歌詠みとしてはなんともまずい歌しか遺さなかったのと、軌を一にしている。この当時のエラスムスはまだ世間的には何者でもなく、一介のラテン語の達人であり、無名のラテン語詩人にすぎなかった。モンテーギュ学寮を退学後、しばらくステインに戻ったが、神学研究のためと称して再びパリに出て、ラテン語の個人教授によって糊口をしのぐこととなった。ひとたび俗界での自由を知った男は、さまざまな口実を設けて、その後二度と修道院に戻ろうとはしなかった。ラテン語の切り売り生活が、やがてこの貧しいラテン語学者に大きな転機をもたらすこととなるのである。この時代に彼は、ラテン語の生徒たちのために、後に『対話集』として実を結ぶことになるラテン語会話の本や、『書簡文作法』(一五二二年)、『語彙表現法』(一五一二年)といった、ラテン語に関する著作を書いている。これは教育者としてのエラスムスの実践的活動の一部であった。

パリでエラスムスが教えた生徒の中には、彼が渡英してから親交を結ぶこととなるケンブリッジ大学学監ジョン・フィッシャーの甥や、マウントジョイ卿で、後にヘンリー八世の師となったウィリアム・ブラントのような錚々たる名門の師弟がおり、一四九九年、このマウントジョイ卿の招きにより、その食客として、三〇歳になったエラスムスはイギリスに渡った。わずか半年ほどではあったが、この最初のイギリス滞在こそが、後にわれわれの知る、世に並びなき高名な人文主義者、稀代の知的巨人としてのエラスムスが誕生する契機となったのである。仮にエラスムスがイギリスへ赴くことがなかったら、彼はせいぜいラテン語の達人で二流のラテン語詩人、古典研究の先鞭をつけた才気ある古典学者に終わっていたことであろう。「エラスムスが卵を産み、ルターがそれを孵した」というのは、宗教改革における両者の役割を言いあらわした、フランシスコ会のさる修道士のことばであるが、それに倣って言えば、「オランダがエラスムスを産み、イギリスが彼を巨人にした(Batavia genuit Erasmum, Britania fecit eum gigantem)」と言っても決して過言ではない。エラスムスはイギリスの地で、生涯の友となるトマス・モアを識ったばかりか、いわゆる「テューダー朝人文主義者」たちに出会い、彼らとの知的交流を通じて、ほとんど「回心」にも等しい学問的、知的転換を遂げることになったからである。

『エラスムスと友情』という著書をあらわしたY・シャルリエ女史はこの出会いについて、「エラスムスはイギリスで、よりすぐった友人たちからなるプレイヤードを見出した。彼らの影響は、その後のエラスムスの精神的、知的発展と不可分の関係にある」と述べている。パリ留学時代からエラスムスが一貫して憧れていたのは、人文主義の本場であるイタリアに学ぶことであったが、そのエラスムスがイギリスで発見したものは、イタリアにも劣らぬものと彼の眼に映ったほど隆盛をきわめていたイギリス人文主義であり、それを代表する卓越した人物たちであった。いずれもイタリアに学び本場の学者たちに優るとも劣らぬ学識を身につけていたジョン・コレット、ウィリアム・グロウシン、トマス・リナカー、ウィリアム・ラティマーといった人文主義者たちとの出会いは、エラスムスにとって衝撃的であり、また九歳も年下であるとはいえ、すでに人文主義者としての名があったトマス・モアと知りあって、たちまち肝胆相照らす仲となったことは、彼の人生を豊かにし、ヨーロッパ各地の人文主義者たちとの交流・交友関係を結ぶ端緒ともなったのである。またイギリス人ではなくイタリア人であったが、古典の教養豊かなアンモニオとも親交を結ぶこととなった。コレット宛の書簡で、「貴国イングランドは、その名を耳にすることが愉快な人物がたくさんいますが、とりわけ私にとってはなはだ愉快なことは、よき学問に精通した方々が、たくさんおれることとです。中でも、誰しも異存のないところですが、大兄をその筆頭に挙げねばなりません」（一四九九年一〇月付）と言っていることは、イギリスの人文主義者たちとのまじわりが、どれほどの喜びをもたらしたかを、よく伝えている。

エラスムスをさほどにまで感嘆させたイギリスの人文主義者であるが、その実一五世紀初頭まで、イギリスは学問的後進国と見られていたのである。ルネッサンスの最盛期にあったイタリア人などからは「あの野蛮なイギリス」と見られていたのであった。しかし「薔薇戦争」がようやく終息した後、イギリスは平和を享受し、学芸が栄える余地が生じたのである。イギリスの知識人はこぞって先進国イタリアに留学し、それまでイギリスの大学ではほとんど学ばれていなかったギリシア語を学び、新プラトン主義をはじめとする清新な学問を学んで帰国し、母国で「新学問(new learning)」を興すことに努めたのである。それ以前のイギリスにギリシア語に通じた人物がまったくいなかったわけではなく、アルドヘルム(六三九年頃―七〇九年)やロジャー・ベーコン(一二一二年頃―九四年)のような例外はあるが、オックスフォードなどには「トロイ人」と称して、ラテン語による神学研究に固執して、ギリシア語を学ぶ人々を異端視する守旧派が巣食っていたのである。いずれにせよ、エラスムスがイギリスへ渡った頃には、「新学問」がすでに興っていて、学問が隆盛となり、イギリスは、フランスやイタリアに比べても、遜色ない学問の国となっていたのである。

また、教え子マウントジョイ卿の紹介により、後のヘンリー八世となるヘンリー王子の知遇を得たことも、その後のエラスムスの人生を大きく左右することとなった。彼みずからがそれと認めているように、この最初のイギリス滞在は、生涯における最も幸福な日々であったことは間違いない。

エラスムスが著作らしい著作もない一介のラテン語教師、無名のラテン語詩人から、やがてヨーロッパ全土にその名を知られる人文主義者へと大きく脱皮するきっかけを作ったのは、人文主義者であり、神学者として令名のあった若きジョン・コレットを識ったことである。コレットはイタリアに留学して新プラトン主義などを学び、当時オックスフォードでパウロの書簡を講じていたが、それを聴いたエラスムスは、中世以来の煩瑣なスコラ学を排した、伝統的な注釈によらず、注釈に歪められていない、「新学問」の方法による斬新な聖書解釈にふれて深く心を動かされ、聖書研究を生涯の仕事とすることを固く決意したのであった。つまり、それまで身は一応修道士の籍にありながら、実際には世俗文学に浸って、ラテン語学者・ラテン語詩人としての小成に甘んじていた男が、コレットに導かれて、キリスト教の原典に立ち返るための聖書研究こそが、己の使命だと悟ったのである。これは彼の生涯における決定的な転換点であった。エラスムスは当時オックスフォードでギリシア語を教えていたグロウシンのギリシア語の知識に圧倒され、聖書研究のためには、ギリシア語を深く学ばねばならぬと固く決意し、翌年パリへ戻ると、異常なまでの努力を重ねてほとんど独学でギリシア語を習得し、すでに精通していたラテン古典に加えて、ギリシア古典にも通ずることとなり、ここに古典学者としての基盤をも固めたのである。もっとも、研究者の中には、スタパーリッチやC・アグスティンのように、コレットがエラスムスに与えたのは人格的な面での影響であって、学問的影響を疑問視する人々がいないわけではない。

著作活動の開始

エラスムスが著作家として世に知られることとなったのは、一五〇〇年に『格言集』を上梓したことにはじまる。イギリスからパリへ戻る際に、イギリスの税関で虎の子の所持金を没収され、ほとんど無一文になった三一歳のあわれなラテン語詩人は、貧窮の中でギリシア語学習に没頭することを余儀なくされた。しばらくは神学研究に没頭することをあきらめ、生活のためもあって、やむなく小遣いかせぎとして、主にラテン作家から名句や格言を八一八集め、それに注解を付した『格言集（*Adagiorum Collectanea*）』をパリで出版した。これは一五二頁のごく薄い小冊子にすぎなかったが、人文主義者に独占されていた古典の知識を広めるものとして、大好評で大当たりをとって爆発的に売れたのである。それまではラテン語詩人として少々名を知られていたにすぎなかったエラスムスは、この小著によって、古典学者として名を知られる道を切り拓いたのであった。ルネッサンス時代のことであるから、教養ある人士で古典の知識を求める人々が増えつつあったので、そういう読者に古典のエッセンスを伝える便利な古典宝典として、大いに重宝がられ、珍重されたのである。書物がまだ高価だった時代に、このような便利な書物が出たことは、まことに時宜を得ていたと言える。古典の嗜みがあることを示すには、まさに格好の書であって、一種虎の巻として歓迎されたのである。これさえ熟読していれば、あたかも古典に通暁しているような顔ができたからである。これは古典への案内書として、古典教育に最適の本として、諸国の学校でも広く用いられることになる。この書は一五〇八年に増補版が、一五一五年に改訂版が出たが、以後一五三六年の死までギリシア古典からの格言をも数多く加え、増補に増補を重ねて、繰り返し出版され、古典学者としての名声を彼にもたらすことになる。しかし当時は印税制度がなかったので、著者エラスムスが潤うことはなかった。

人文主義者・古典学者としてのエラスムスの名は、その後次第に高まっていくが、彼にとって古典研究はあくまで、神学・聖書研究のための予備課程として位置づけられていたことを言っておかねばならない。彼の心を惹いていたのは異教徒の作家ばかりではなく、初期の教父たち、ことにもヒエロニュムスの著作には深く傾倒しており、各地の修道院などで写本を蒐集して、その校訂・出版のために多大な時間を費やすことを厭わなかった。この頃エラスムスが友人バットに宛てた書簡は、「神学者どもによってむしりとられ、切り刻まれ、混乱させられたヒエロニュムスの全体像を取り戻すという、大事業を企てている」ことを伝えている(一五〇〇年九月付)。キリスト教信仰を原点へ返し、その再生を図るための、初期教父たちの著作刊行は、エラスムスの生涯をかけての大きな仕事となった。死の床についてもなお、オリゲネスの著作集校訂の筆を握っていたほどである。『格言集』は大いに売れてエラスムスの名は一気に高まったが、先に述べたように、それによって彼が裕福になったわけではない。相変わらず貧窮に苦しみつつ、イタリア遊学を夢みていた彼は、この年つまりは一五〇〇年の暮れに、友人のバットに、パトロンであったアンナ・ファン・ボルセル夫人から援助の金を引き出してくれるよう依頼した書簡を送っている。そこには次のようなくだりがあって、青年エラスムスの自負のほどを窺うことができる。

ぼくの文業によって、他の神学者連中よりもどれほどの多くの栄光があの方のものとなるか、夫人に説いてやってくれないか。あの連中は俗なことを並べたてているにすぎないが、ぼくの書くものは、永久に残るものだからね。あの無学な連中の説教はひとつかふたつの教会で耳を傾けられるだけだが、ぼくの本はギリシア世界からラテン世界に至るまで、世界中で読まれているのだ。あのような無学な神学者連中はどこにでも五万といるが、ぼくのような人間は、何世紀に一人も見出せるものじゃないからね。(一五〇〇年一二月付)

右の書簡の一節は、若きエラスムスの自負を示しているばかりではなく、彼が自分の将来を見越して、それを予言している点でも興味深い。

一五〇二年、エラスムスはパリからネーデルラントのルーヴァンへと移った。ペストの恐怖に怯えてのことであった。当時ルーヴァン大学神学部教授で、後に教皇にまでなったアドリアン・ファン・ユトレヒトは、エラスムスを教授にしようとしたが、彼はこれを謝絶した。貧に苦しんではいても、あくまで自由の身で学問に専心したかったのである。この第一回目のルーヴァン滞在は三年ほどに及ぶが、その間にエウリピデスの悲劇『ヘカベ』と『タウリスのイピゲネイア』、リバニオスのラテン語訳を出したりしている。これはイギリスにおける彼の庇護者となるウォーラム大司教に献じられた。ルーヴァン滞在中に、ジャン・ヴィトリエを識って、その信仰心の深さと人格に深く影響され、また生涯の友となったピーテル・ヒレスとも相識ることとなった。

特筆すべきことは、初版では大した反響を呼ばなかったが、その後次第に評判となり、諸国語に翻訳されて版を重ねた『キリスト教兵士提要』を含む、『蛍雪余論』を一五〇四年にアントウェルペンで上梓していることである。エラスムス初期の代表的著作であるこの『キリスト教兵士提要』なる本のタイトルにある、ギリシア語“enchiridion”とは、「提要」と同時に「短剣」をも意味するので、これを『キリスト教兵士の短剣』と訳すこともできる。もともとこの本が書かれた動機が、神学者などを蛇蝎のごとく忌み嫌っている、不信心者のさる火砲鋳造師を回心させるべく、その妻の懇願を容れて書いたものであるから、これを受け取るはずの人物に、霊的な武器を与えようとの意図もあって、両方の意味をもたせたものと考えられる。この書は、「ギリシア・ラテンの古典的教養とキリスト教の敬虔との統合が見事に実現し、初期エラスムスの思想の全体像が示されるにいたった」（金子晴勇『エラスムスの人間学――キリスト教人文主義の巨匠』知泉書館、二〇一一年、七七頁）との評価がなされてはいるが、なにぶん不信心者に対する説教であるから、エラスムスの宗教関係の著作の例にもれず、キリスト教信仰をもたぬ者には、死ぬほど退屈なものであることは保証できる。

この宗教書に見られるエラスムスのキリスト教観は、信仰生活において聖書を絶対的に重視する「福音主義」的なものだと言える。ここにはキリスト教信仰とはなにか、それはどうあるべきかということをつきつめて考え、福音書とパウロの書簡を熟読してその精神を汲み取ることこそが、真のキリスト教信仰であるとする信仰観が打ち出されているのが見られる。エラスムスの唱える「キリストの哲学」の理念が、披瀝されているわけである。この退屈きわまりない説教本も、ドゥンス・スコトゥス（一二六五―一三〇八年）に代表される中世のスコラ神学を退け、オリゲネスなど初期教父たちの著作につくことを勧めたり、カトリック教会で伝統的に重視されてきた典礼や、聖遺物崇拝、聖人崇拝などは二義的なものとし、聖書をよく学んで、それを心中深く刻み込むことを勧めたりしているくだりがあって、エラスムスの目指していた本当のキリスト教信仰が、いかなるものであったかを窺い知る上では、退屈に耐えて読むに値するかもしれない。

それ以上に重要なことは、同年ルーヴァン近郊の修道院で、イタリアの人文主義者で文献学者ロレンツォ・ヴァラ（一四〇七―五七年）の『新約聖書注解』の写本を発見したことであった。ヴァラが文献学者の立場から、絶対的な権威を認められ、神聖視されていたウルガタ訳聖書に批判を加えていることに、エラスムスは大きな刺激を受け、聖書研究にさらに邁進することとなった。ヴァラの仕事にふれたことによって、原典に基く「キリスト教再興（restitutio Christianismi）」への信念を固めたのであった。このことが、後（一五一六年）に彼自身の手になる『校訂版 新約聖書』の刊行という、ヨーロッパ文化史上画期的な一大事業として、実を結ぶのである。

一五〇五年、パリに戻ったエラスムスは、自分が発見したヴァラの写本を、パリの書店から刊行したが、それによって、ウルガタ訳を神聖視する保守的な神学者たちから非難を浴びた。スコラ神学の徒の眼には、聖書の原典批判や、ウルガタ訳を文献批判の対象にすることは赦しがたい冒瀆と映ったのである。その後もエラスムスは、保守的な神学者からの、この種の非難や批判にさらされつづけるのである。

一五〇五年、三六歳になったエラスムスは、彼のパトロンとなったマウントジョイ卿の招きに応じて再びイギリスへと渡ったが、今回の渡英の目的はケンブリッジ大学で神学博士の学位を得ることであった。そこで二度目の大きな転機を迎えることとなったのである。思いがけず、その翌年に、宿願であったイタリア遊学が実現することとなったからである。イギリスでは六年ぶりにモアに再会して旧交を温め、モア一家に温かく迎えられ客となったエラスムスは、友情の産物として、モアとの共訳でルキアノスの幾つかの作品をラテン語訳し、翌年これを『ルキアノス小品集』として刊行した。親友モアとの最初の友情の証である。人文主義者としてのモアの初期の作品は、すべてこのようなエラスムスとの共同作業から生まれている。ユーモア精神に富むモアも、ルキアノスの作品の愛読者であったが、エラスムスの遠い先蹤者とも言えるこのシリア人ヘレニストは、エラスムスが最も好んだギリシア語作家であって、その洗練された文体と、シニカルでさびの利いた諷刺は、『痴愚神礼讃』にも影を落としており、とりわけその対話体の作品には、形式のみならず、文体にも影響が色濃く認められる。エラスムスは、一五〇六年のウルスヴィック宛の書簡で、ルキアノスを称揚して、「その語り口は実に優雅で、想像の才は見事で、冗談は魅力にあふれ、その辛辣さは痛烈で、さまざまな冗談を飛ばしては人心をくすぐり、冗談にはまじめなことを、まじめなことには冗談をまじえて語ります。笑いながら真実を語るのです。人間の風習や情感や務めを、絵筆をふるったごとく描き出していますので、人はそれを読むというよりは、目の当たりに繰り広げられるのを眺めるように思われます。楽しみを求めるにせよ、有益さを求めるにせよ、いかなる喜劇も諷刺作品も、これに匹敵するものはありません」と言っている。エラスムスの生来の気質にも合っていたルキアノス的なものは、彼の内部深く浸透していたのである。

またエラスムスは、前回の滞在で親しい友人となったコレットやケンブリッジ大学学監でロチェスターの司教となっていたジョン・フィッシャーとも親しくまじわり、彼に協力して、ケンブリッジの教育体制整備のために尽力している。フィッシャーとのまじわりの深さは、モアやコレットとのそれに劣らぬものがあった。また大法官で、後にオックスフォード大学総長となったウィリアム・ウォーラムとも親交を結んでいる。

この年の末に、かつて身を置いたステインの修道院長になっていた旧友セルヴァティウスから、修道院への復帰を要請されたが、これを断固として拒否した。本来修道院入りしたのは自分の意志によるものではなく、修道院を離れ、自由な立場で学問研究に励むことこそが、自分の務めであって、そのためにはイギリス滞在がぜひとも必要であるというのが、その返事であった。彼はかつての友人である修道院長へのそっけない返書で、自分が「ロンドンで、また見たところイギリス全土の高位の人士、この上なく学識深い人々に大いに歓迎されており、聖職禄も約束されているのです」と言い、自分の凡庸な才能に満足して、学問に専心するつもりであると、決意のほどを伝えている。

二四歳で修道院を離れて以来、エラスムスはずっと世俗社会で活動してきたが、還俗が許されていたわけではなく、一五一七年四八歳になってから、教皇レオ一〇世からの、それまでの教会法への違反を不問に付し、修道衣着用の義務を免じて、修道院外での居住を許すとの特別許可状が下りるまで、絶えず修道院への復帰命令がくることに怯えつづけねばならなかったのである。もっとも、彼はイタリア滞在中は修道衣を脱いで俗人の服をまとっていた。修道衣をまとっていたため、ペスト治療の医者と間違われて、民衆になぐられそうになったから、というのがその口実であったが、修道士姿がよほど厭だったのであろう。修道士への嫌悪感と嘲笑は、『痴愚神礼讃』、『対話集』に繰り返しあらわれる。

イタリア滞在とその成果

一五〇六年、エラスムスは、『格言集』増補版やルキアノス、エウリピデスの翻訳上梓のためパリへ立ち寄ったあと、積年の夢であったイタリアへの旅路についた。ヘンリー七世の侍医の子息たちが故国で学ぶ監督役として、随行したのである。トリノに到着したところで、トリノ大学から神学博士の学位を授けられ、ひとつの夢を果たすことができた。エラスムスが望んでいたのは、より権威のあるボローニャ大学の学位であったが、ともあれ博士の学位取得は長年願うところだったので、まずまずの喜びであった。ボローニャに到着したところで、「教皇よりもむしろ軍人であった」と評されるユリウス二世が、チェーザレ・ボルジアに奪われ、その後はヴェンティヴォーリオ家の支配下にあった教会領を回復すべく、ボローニャ目指して軍を率いて迫ってきたので、一時フィレンツェに避難し、ボローニャが教皇ユリウスの軍門に降った後に同市に入った。エラスムスがイタリア到着早々眼にしたものは、パウロの後継者としてキリスト教世界の頂点に立つ、信仰心篤い教皇の姿ではなかった。彼を待ち受けていたのは、そのかみのユリウス・カエサルさながらに護衛兵に囲まれ、高位聖職者を引き連れて、ボローニャの町に凱旋入城する教皇ユリウスだったのである。これは、世俗領主にもまして戦争を好み、教皇でありながら信仰心薄く、貪欲で、教皇領を増やすことのみに熱中して、好んで軍事行動を起こした人物であった。ユリウスの行動に象徴される、完全に世俗権力と化し、贅沢に溺れ、遊蕩に流れ、堕落し腐敗しきったカトリック体制に、エラスムスが衝撃を受けたことは、想像にかたくない。エラスムスは、ユリウスがボローニャを征服して後の、過酷な租税取立てのありさまをも、親しく見聞して怒りを覚えている。エラスムスは後に匿名で『天国から締め出されたユリウス』という諷刺的な作品を書き、信仰よりも戦争を好んだこの教皇を痛烈に揶揄して一矢報いたのである。これがエラスムスの作品だとの評判が立ったとき、彼は懸命にそれを否定したが、今日ではやはりエラスムスの筆になるものと認められている。ちなみに一五一八年のジョン・ラング宛の書簡で、彼は教皇を、ギリシア語で「ローマの最高位の聖職者たる君主」と呼び、キリスト教会の疫病だと見ていると述べている。この見解が、『痴愚神礼讃』の後半部に見られる、痛烈にして痛快な、教皇に対する諷刺として炸裂しているのである。彼はまたイタリアで、清貧と信仰に生きた使徒たちにはいささかも似ていない高位聖職者たちが、世俗の貴族にもまして華美と遊蕩に明け暮れている実態をも、つぶさに見た。それに対する怒りは、やがて『痴愚神礼讃』における痛烈な聖職者批判としてあらわれる。

さてなによりも束縛を嫌い、どこにいても落ち着かぬこの男は、ボローニャ大学への教授就任も断って、一五〇七年にはヴェネツィアへと居を移し、著名な印刷業者であり、人文主義者でもあったアルド・マヌーツィオのもとで、研究と著作に専念することとなった。エラスムスという人物は、本質的には哲学者・神学者というよりは、骨の髄まで文献学者であり、心底書物を愛する男であった。彼にとっては書物がすべてであって、大学で学問を講ずるよりも、印刷工房で原稿を書き、みずからの著作が、見事な活字本となることに、はるかに大きな喜びを覚えたのである。このアルドの印刷工房には、ムスルスやラスカリスのような高名な碩学をはじめ、ビザンティンからの亡命ギリシア人学者たちがはたらいており、彼らと親しくまじわったことは、エラスムスのギリシア語の能力の向上に大いに役立ったはずである。

イタリア滞在中の最大の収穫は、なんといっても古典学者エラスムスの名を一挙に高め、彼を汎ヨーロッパ的な存在とした『格言集』増補版の刊行である。一五〇〇年の初版では、先に述べたとおり、ラテン語の格言を中心に、わずか八一八の格言を収めた小冊子にすぎなかったが、アルドの豊富な古典関係の蔵書を活用して成った増補版は、数多くのギリシア語の格言を含む三二六〇もの格言・名言を収録したもので、一五〇八年にこれがアルドの工房から刊行されるや、古典宝典として爆発的な成功を収め、一六世紀中だけでも実に一三二版を重ねるという、当時としてはまさに驚異的なベストセラーとなったのである。ここに古典学者としてのエラスムスの名声は確立したと言ってよい。それまでは北方ルネッサンスの一文人と見られていた人物が、一気にイタリアをはじめとするヨーロッパ全土に名を知られる名高い古典学者にのし上がったのである。古典百科とも言うべきこの書は、その後も増補に次ぐ増補がなされ、一五三六年の最終版では、四一五一もの格言・名言とその注釈を収める浩瀚なものとなっていた。もはや役割を終え、今日では忘れられたこの大著のほんの一端を、後に第Ⅱ部第二章「古典学者」で垣間見ることとしたい。

ヴェネツィアでの仕事を終えると、エラスムスは今度はパドヴァへと移り、そこでスコットランド王の庶子で、弱冠一八歳ながらセント・アンドルーズの大司教であったアレクサンダー・スチュワートの学問の指南役となった。その役をしばらく熱心に務めた後、一五〇九年念願かなって、この青年をともない、今度はローマへ向かったが、今や高名な古典学者となった彼は、そこで後に教皇レオ一〇世になるジョヴァンニ・デ・メディチをはじめ高位聖職者や著名な人文主義者たちに歓迎され、彼らとまじわることができた。この青年は、エラスムスに、彼がそれ以後自分の印章として用いることとなった、ローマの神テルミヌスの像と、“Concedo nulli”（ワレ何人ニモ屈セズ）とのことばが刻まれたメダルを贈った。彼は、父であるスコットランド王が、一五一三年、英仏戦争の隙をついてイングランドに侵入しそこで戦死した折に、父王と運命をともにし、エラスムスを嘆かせることとなった。この年エラスムスはアラム語とヘブライ語の学習をはじめたが、これは挫折してものにならなかったから、結局エラスムスが知悉していたのは、ラテン語とギリシア語にとどまった。この年にはまた、イングランド王ヘンリー七世の死去にともなうヘンリー八世の即位という事態が起こり、これがエラスムスのその後の運命を再び大きく変えることとなったのである。

エラスムスの三年に及ぶイタリア滞在は、なによりも彼のギリシア古典に関する知識を一段と深めたという意味で、貴重な体験となった。とりわけ彼がはじめて眼にしたギリシア古典のテクストは、『格言集』の内容をさらに充実させるのに、大いに役立った。それに加えて、オスマン・トルコによるビザンティン帝国征服後、イタリアに亡命してきた、博学なギリシア人学者をはじめとする人文主義者たちとの自由なまじわりと、豊富な古典の蔵書を有するアルドの印刷工房での活動が、古典の知識を増大させることを可能にしたのである。エラスムスは古典の知識に関しては、「イタリアからもち帰ったものよりも、もって行ったもののほうが多かった」と豪語したが、事実は、このイタリア体験が、人文主義者・古典学者としてのこの人物を、一回り大きくしたことは疑いない。不思議なことに、というよりも惜しまれることに、フィレンツェと縁が薄かったとはいえ、エラスムスがそのイタリア滞在中に、彼と同年の生まれでまったくの同時代人であり、同じく著作家であったマキャヴェリと接触した形跡はなく、書簡の往復もなかった。諸国を股にかけ、ヨーロッパ中の著名な人文主義者や学者と書簡を交わしていたのに、両人の接触がなかったことは惜しまれる。モンテーニュに関しても同様であるが、ラブレーからは一五三二年に一通だけ来信がある。エラスムスを「父」と呼んでいる、この二五歳ほど年下の未知の人物からの恭しさに満ちた短い書簡に、彼は返信しなかったらしく、返書は遺されていない。パリ大学神学部のノエル・ベダの執拗な攻撃に悩まされ、病に苦しんでいた六三歳の老エラスムスの書簡は、この頃から数が減っているが、彼には未知の人物であり、フランス語で著作していた若きラブレーの存在は、関心の対象とはならなかったようである。

エラスムスという男の不思議なところは、豊かな文学的感性に恵まれていたはずなのに、絵画、彫刻、建築などルネッサンス芸術が絢爛と花開いていたイタリアの地にあっても、それらになんの関心も示さなかったということである。音楽にもまったく無関心で、彼の膨大な著作や書簡から、言語芸術以外のものへの関心を読み取ることはできない。先に述べたように、骨の髄まで「フィロロゴス」であったエラスムスは、ひたすら書物を読み、書物を書くことにその生涯を費やした人物であって、書物の世界のみが彼の生きる世界であったと言えよう。

三度目のイギリス滞在からバーゼルへ　豊穣な歳月

さてヘンリー八世の即位によって、一五〇九年、エラスムスはみたびイギリスの土を踏み、その大部分をケンブリッジで過ごすこととなった。このたびの約五年間のイギリス滞在は、みずから「物乞いの暮らし」と嘆くほど、経済的には不如意の生活であったが、知的生産の面では決して貧しいものだったわけではない。それどころか、イギリスへの旅が、彼一代の傑作を生む契機となったことを考えれば、きわめて豊穣だったと言える。

エラスムスが、ローマの友人たちに惜しまれ、教皇庁から提供されたポストにつくのも断って、イギリスへと赴いたのは、マウントジョイ卿が、学芸の熱心な保護者であるヘンリー八世を称え、エラスムスに来英を強く勧めたことによるものであった。マウントジョイ卿がその書簡に、「先生は陛下にその名を知られているだけでなく、親しい仲でもいらっしゃいますし、めったにないことながら、陛下がおんみずから筆を執られた御書状を受け取っておられます」（一五〇九年五月二七日付）とあるように、ヘンリー八世自身もわざわざ書簡を送って、エラスムスの来英を希望する旨を伝えていたのである。若き日の英明な王子としてのヘンリーを知るエラスムスは、その手厚い庇護が受けられるものと、期待したのであろう。またエラスムスにイギリス定住を勧めていたカンタベリーの大司教ウォーラムが、聖職禄を約束していたことも、彼をイギリスへと向かわせる一因になったかと思われる。司祭の私生児として生まれたという暗い過去をもつ身では、本来聖職禄を受けられないところだが、この件に関して教皇ユリウス二世から特別許可を得ていたのである。これも彼の名声によるものであろう。特定の祖国をもつことを拒否したエラスムスだが、イギリスには特別な愛着があって、後にウォーラムへの書簡で、「私はいずれイギリス人となるかイングランドとブラバントとをつきまぜた存在になるでしょう」（一五一八年一〇月二四日付）とのことばを吐いている。

この年の秋、再びロンドンのモア家の客となったエラスムスは、そこで温かく迎えられ、モア家滞在中に、諷刺作家としての彼の名を不朽のものとした傑作『痴愚神礼讃』をわずか一週間ほどで一気呵成に書き上げたのである。ギリシア語の“moros”（愚者）に音が似ているモア（More）（ラテン語形“Morus”）の名を念頭に浮かべて、イタリアからイギリスへの旅の途上で着想を得たというこの作品は、親友モアに献じられている。エラスムスは、翌々年つまりは一五一一年に一時パリへ渡ってジル・ド・グールモン書店からこれを刊行したが、ルキアノスに学んだ、痛烈な諷刺をことととするこの小さな作品は、発売と同時に爆発的な人気を呼び、初版一八〇〇部はたちまちに売り切れた。これは当時の書物の発行部数を考えれば、まさに驚異的なベストセラーであって、すでに『格言集』の著者として名高かったエラスムスの文名を、いやが上にも高めることとなった。教皇レオ一〇世でさえもげらげら笑い転げながら読んで興じたという、一見陽気で愉快なこの作品には、その実宗教改革を惹き起こす恐るべき起爆剤がしかけられていたのである。その要とも言うべき最後の部分で繰り広げられる、堕落腐敗しきったカトリック体制への容赦ない批判がそれだが、この作品については、後に第Ⅱ部第一章「文学者」の「『痴愚神礼讃』に見る諷刺作家の貌」で、やや詳しくとりあげることとしたい。

さてパリから戻るや、今度はジョン・フィッシャーの招きでケンブリッジへと赴いたエラスムスは、クイーンズ・カレッジの客となり、同大学でギリシア語と神学を講じたが、聴講する学生は少なく、報酬も乏しく、彼の来英を歓迎したはずのヘンリー八世は冷淡であって、経済的には惨めな生活を送らねばならなかった。ウォーラム大司教が約束していた聖職禄がなかなか得られなかったため、やむなく教壇に立ったのである。熱烈な書簡を送って彼をイギリスへ招いたマウントジョイ卿も、パトロンとしての役目を十分には果たしてくれなかった。文名は上がってその名はヨーロッパ全土に轟き、著書は大いに売れつづけていても、印税制度がない当時は、著者がそれによって潤うことはなかったのである。それはわが国とて同じことで、江戸の作家は作品が馬鹿売れに売れても、儲かるのは版元であって、作者は刷り上がった自著の何部かを貰うだけであった。エラスムスにしても、その著書を王侯貴顕の士に献呈して、その見返りに、「お志」としてなにほどかの金品を頂戴するという、彼自身が友人コレットに書簡で嘆いた、「物乞い」のような生活を強いられたのである。父親がロンドン市長という裕福な家庭の出であったコレットは、一再ならずエラスムスに、金銭的な面で援助の手を差し伸べていた。マウントジョイ卿は、先にふれた書簡の中で、悪政で知られたヘンリー七世に代わって、ヘンリー八世が国王の座に登ったイギリスを天国にもたとえて、「空は微笑み、地は喜びにあふれ、国土には乳と蜜とネクタルが流れています」などと伝えてきたが、エラスムスを待ち受けていたのは、それとは似ても似つかぬ厳しい現実だったのである。

このような経済的に惨めな生活は、その後彼の名声がますます高まり、ヨーロッパ全土にその名を知られた名士となり、諸方から贈り物や金品が届くようになるまで、まだまだ続くのである。大司教ウォーラムの計らいによって、ようやく待ち望んでいたアディントンの教区長としての聖職禄にありつくことができたが、それも不十分な額でしかなかった。エラスムスの唯一の楽しみは、時折ロンドンに出て、親友モアの家に滞在し、モアやその家族と心おきなく語らうことであった。生活は悲惨だったが学問研究は大いに進み、ルキアノスやプルタルコスを翻訳したり『学習計画』(一五一一年)、『文章用語論』(一五一二年)などの古典研究にかかわる著書をこの頃に上梓している。一五一六年に刊行される『校訂版　新約聖書』の研究も、鋭意進めていたものと思われる。エラスムスの三度目のイギリス滞在は、その五年間に書かれたはずの書簡が、なぜか三通しか残っていないこともあって、動向がよくわからない。「軍人教皇」ユリウス二世を諷刺し、匿名で出版された『天国から締め出されたユリウス』の構想を得たのは、この頃のことである。

一五一四年、四五歳になったエラスムスはイギリスを去ってバーゼルへ行くが、それに先立って熱烈な反戦・平和主義を唱えた『戦争は体験しない者にこそ快し』を執筆、これは翌年フローベン書店から刊行された『格言集』改訂版に収められ、後に単行本としても刊行された。エラスムスによる戦争告発の書として『平和の訴え』とともに、重く見るべき著作である。イギリスから滞在中に鋭意研究を進めていた新約聖書に関する草稿を携えて行ったが、これが二年後に世に出て、エラスムスの名をいっそう高めることとなる。バーゼルでは、出版業者ヨハネス・フローベンに大歓迎され、以後二人は終生の親友となる。彼はすでに知らぬ者なき著名人であり、「ゲルマニアの栄光」としてドイツの人文主義者たちから称えられ、喜び迎えられたが、身分境遇から言えば、一介の食客にすぎなかった。しかし彼にとっては大学人であるよりは、印刷所の食客であるほうがはるかに性に合っていたのである。書物のあるところ、活字とインクの匂いのするところ、それのみがこの「もの書く男」の安住できる場所だった。

フローベンの印刷所に落ち着くや、エラスムスは本来の自分を取り戻し、学識豊かな人文主義者に見守られつつ精力的にはたらき、プルタルコスの小品の翻訳や、『寓言集』(一五一四年)を上梓し、『ヒエロニュムス著作集』と『校訂版 新約聖書』の刊行に備えた。稀代の大著作家エラスムスの活動は、ここでもまた出版業と緊密な結びつきを見せ、その後の著作活動は、フローベン書店と不可分の関係にあると言ってよい。この年、かつての友人でステイン修道院長となっていたセルヴァティウスから再び復帰を要請されたが、エラスムスはこれを拒んだ。再度にわたっての復帰要請に彼の心は激しく動揺したが、世俗世界にとどまる道を選んだのである。彼はこのセルヴァティウスへの拒絶の書簡で、自分がいかに修道院での生活に不向きであったかを訴え、自由な俗世界にあって、どれほど輝かしい学問的成果を上げ、著名な人士に認められているかを、縷々述べている。まだその生涯かけた仕事を世に送ってもいないのに、修道院へ戻ることは、それが断たれることを意味した。学者としての生涯最大の業績を世に遺すためにも、なんとしても自由の身でいることが必要であった。

同じくこの年、『痴愚神礼讃』の刊行を苦々しく思っていた保守的な旧友で、ルーヴァン大学神学部教授の任にあったマーテン・ドルプから、無用の諷刺でカトリックへの敵意を煽ることの危険を説き、新約聖書の本文批判にも慎重であって欲しいとの忠告の書簡を受け取る。これは、『痴愚神礼讃』における、中世以来のスコラ哲学・神学やカトリック教会を、諷刺という形で痛烈に批判したエラスムスの態度を、軽佻浮薄で無責任であると非難していた、ルーヴァン大学神学部の不満を代表するものであった。翌年エラスムスはそれに応える長文の返書を送り、彼のまたとないよき理解者であるトマス・モアもまた、エラスムスを擁護した書簡をドルプ宛に送っているが、この頃が北方ルネッサンスの二大巨星の友情が最も高まっていた時代だと見てよい。エラスムスを師と仰ぐ詩人であり、後に新教徒の最も戦闘的な闘士となって斃れた騎士フッテンが、彼を「ゲルマニアの生んだソクラテス」と称えた書簡を送ってきたのもこの年のことである。

栄光の絶頂へ 「驚異の年」

一五一六年という年は、エラスムスが、その生涯最大の事業を成し遂げた年であり、「驚異の年

(annus mirabilis)」と呼ばれている。同年五月にはバーゼルを去ってブリュッセルへ移り、さらにはアントウェルペンに落ち着くが、それに先立つ二月に、積年にわたって心血をそそいできた原典研究が実って、ついに『校訂版　新約聖書(*Novum Instrumentum*)』がフローベン書店から刊行されたのである(新約聖書のラテン語のタイトルは〝Novum Testamentum〟であるが、エラスムスのそれは初版では〝Testamentum〟ではなく〝Instrumentum〟とされていた。一五一三年の再版以降は〝Testamentum〟と改められた)。三〇歳で聖書研究に生涯をかけることを誓って以来、一七年の歳月が経っていた。この聖書は、時の教皇レオ一〇世に捧げられているが、これはウルガタ訳聖書の絶対的権威にすがり、ギリシア語原典聖書を刊行することに疑惑の眼を向ける、保守的な神学者たちの批判をかわすために、煙幕を張ったものと見られている。今日のわれわれの眼からするといかにも奇妙なことだが、カトリック体制が最も怖れていたことのひとつは、聖職者以外の人間が聖書に直接に接することであった。聖書を英訳したジョン・ウィクリフ(一三二〇年頃―八四年)が異端として死後糾弾されたり、保守的神学の牙城であったパリ大学神学部が仏訳聖書を禁書としたのは、そのあらわれである。そんな状況下で「すべての神学は、それが本物の神学であるならば、聖書の泉から湧き出てくるものである」とその聖書の序文で主張し、信仰の原点である聖書への復帰を唱えるエラスムスが、保守的なカトリック神学者たちから警戒され、猜疑の眼で見られていたことは、言うまでもない。それは正統派信仰への挑戦であり、それからの逸脱と見られたのである。

エラスムスは彼の先蹤者であるロレンツォ・ヴァラの方法に倣い、言語学、文献批判学の方法に拠って、聖書の原典批判とその校訂をおこなったのだが、その原典批判の方法には近代の聖書学から見ると杜撰なところがあり、児戯に類するものと哂われる程度の出来栄えだと評されている。エラスムスが校合した写本は一〇世紀以後の比較的新しいものであったのみならず、当時知られていた写本を十分に校合することもなく、ギリシア語写本で欠けていた黙示録の一部を、ウルガタ訳から自分でギリシア語に翻訳して挿入しさえもしたのである。エラスムス自身そのことを認めて、一五一七年のピルクハイマーへの書簡（一五一七年一一月二日付）で、「〔校訂したというよりも〕先頃バーゼルで大急ぎでやっつけた新約聖書（Novum Testamentum quod pridem Basileae *praecipitatum fuit*）」と言っており、今後よりよいものとなるよう、手を加えるつもりだと述べている。事実、この聖書は、その後一五一九年、二二年、二七年、三五年と改版を重ねている。確かに写本のあつかいや校訂に関しては不十分なところがあるにせよ、活字印刷された初期の聖書として、当時としては画期的な仕事であって、全ヨーロッパに大きな反響を呼び、一六世紀だけでもなんと二三五版を重ねるという大成功を収めたのであった。その影響は、人文主義者や神学者の世界を越えて、広範囲に及んだと言ってよい。最初はエラスムスに信服し、後にはその仇敵となるルターが、かの名高いドイツ語訳聖書を完成させたのも、エラスムスのこの聖書に拠ったものである。ティンダルによる英訳聖書もやはりこれを底本としている。

　エラスムスの手になる新約聖書には、「呼びかけ《パラクレーシス》」とギリシア語で題された詳細な序文が付されているが、この序文で彼は、「キリストの哲学」すなわち聖書が、キリスト教徒にあまりにも知られていないことを指摘し、生涯のうちに一度も福音書や使徒の書簡を読まないキリスト教徒がきわめて多いこと、聖書が少数の人々の占有物となっている現状を指摘している。そして新約聖書全体が、ラテン語（具体的にはウルガタ訳を指していることは明らかである）ではなくて、ギリシア語で書かれているという事実を強調し、イエスと使徒たちのことばを、そのままの形で伝えることの重要性を主張しているのである。イエスの弟子である使徒たちが綴った、ギリシア語による福音や書簡こそが真の形であるのに、欠陥のあるとわかっているウルガタ訳を絶対視することへの疑念を、彼は呈する。ここには、福音書の精神から離れてしまったキリスト教を、その本来の姿に立ち返らせようというエラスムスの熱意がほとばしっていると言ってよい。

エラスムスはこの聖書刊行に際して従来のヒエロニュムスによるウルガタ訳に代えて、彼自身の新たなラテン語訳を添えて注釈を付したが、カトリック教会公認のウルガタ訳を神聖視する守旧派の神学者たちから、冒瀆的行為だとして攻撃を浴びせられることとなった。しかしギヨーム・ビュデ、コレット、ロイヒリンといった令名ある人文主義者たちからは称賛され、教皇もその業績を嘉し、ウォーラム大司教もまたこれを絶賛するなど保守的な神学者を除く人々からは、歓迎され、生前はエラスムス最大の業績として、遍く認められることとなったのである。

エラスムスのこの聖書を読んだモアは、エピグラム二篇を書いて親友の業績を称え、フィッシャーもわざわざ書簡を寄せて、その偉業を高く評価している。

この年は豊穣な一年であって、エラスムスは長年その校訂・編纂に力を尽くしてきた『ヒエロニュムス著作集』全九巻を、フローベン書店から陸続と刊行したばかりか、彼を名誉顧問官に任命した新スペイン王カルロス一世（後に神聖ローマ帝国皇帝カール五世）のために執筆した、彼の政治論である『キリスト教君主の教育』をも世に問い、これをカルロスに献じた。これまた奇しくも同年の生まれであるマキャヴェリが、チェーザレ・ボルジアを理想的君主のモデルとした『君主論』を、ロレンツォ・デ・メディチに献呈したのと同じ年のことである。当時のイタリアの悲惨な政治状況を冷徹な眼で見つめ、それに基いた現実的な権謀術数を説く政治哲学、政策論を打ち立てたマキャヴェリの不朽の書に比べれば、君主の人格形成のあるべき姿を倫理的に説き聞かせ、もっぱら倫理的な立場から平和の必要性を説くその論調は理想主義的であって、観念性が目立ち抽象的である。国家の安寧と社会の福祉、民衆の幸福は、理想的支配体制である君主制の頂点に立つ君主を、倫理的に啓蒙し知的に啓発することにかかっているとするエラスムスの政治論は、政治哲学というよりはむしろ倫理学と呼ぶのがふさわしい。彼はおよそ現実感覚のはたらく政治的な人間ではなく、あくまで倫理的な精神の持主であったことを、この忘れられた著作は物語っている。

とはいえ、マキャヴェリがイタリア内部の問題のみをあつかっているのに比して、広い国際的な視野に立っての、極力戦争という暴力行為を避け、民衆の繁栄と安寧をもたらすことこそが君主の務めと説くエラスムスの主張や、「正義のための戦争」などというものは存在し得ないとの見解は、今日なお学ぶべきものがある。マキャヴェリの『君主論』が不朽の古典として今日もなお読まれているのに対して、エラスムスのこの政治論は、今日ではほとんど読まれることもない。だが、この著作に一貫して流れている、あらゆる暴力行為を否定し、戦争の愚かさを説くエラスムスの融和と協調の精神は、顧みられてもよいものであろう。

いずれにせよ、『格言集』、『痴愚神礼讃』、『校訂版 新約聖書』と、それに続く『対話集』の刊行によって、ゆるぎない地位を築いたエラスムスは、今や名声の絶頂にあって、その名はヨーロッパ全土に轟き、「人文主義の王者」としての地位は磐石のものとさえ見えた。ヨーロッパ中からエラスムスを崇拝する「信者」たちが、「参詣」に押し寄せたのもこの頃のことである。かつての貧しいラテン語教師、わずかにラテン語詩人として多少名を知られていたにすぎない人物が、今ではヨーロッパの精神世界の指導者たる一大権威として仰ぎ見られ、全ヨーロッパがその発言を注視するまでになっていた。なによりも党派性を嫌ったエラスムスが迷惑に思っていた「エラスムス派（Erasmini）」があちこちに形成され、ドイツの学者はすべてエラスムス派であるとさえ言われていた。同時代の人々は、この偉大な人物が、時代精神を解放することばを発するのを、期待をもって見つめていたのであった。しかし世に万古不易なるものはない。「世界の光」とまで言われたこの人物の運命にも、やがて翳りが兆すこととなる。ドイツの農民の出である、頑健な肉体と鋼鉄の意志をもち、不屈の闘争精神に燃える乱暴な男が、エラスムスの産んだ卵を拾ってこれを孵したことが、当のエラスムスの晩年を暗いものとしたのである。その男の名は、マルティン・ルターといった。狂信にも似た宗教的情熱に燃え、ゲルマン的狂熱、怖れを知らぬ激しい闘争心を抱いたこの男が、ひとたびエラスムスと対立する立場に立って以来、もはや死に至るまでエラスムスに安寧の日はなかった。以後エラスムスの名は、ほとんど常にルターとのかかわりにおいて登場することとなる。それが大方の日本人がおぼろげに知る、エラスムスの姿だと言ってよい。

ちなみにこの「驚異の年」において特筆すべきは、トマス・モアが前年から執筆していた『ユートピア』がひとまず完成し、年末にルーヴァンで刊行されたことである。エラスムスは友人ヒレスとともに、その編集に力を尽くし、刊行に向けても力を貸している。『ユートピア』はその翌年、増補版がパリで出て、次第に傑作としての評判を高めていくのである。モアとのまじわりについては、第Ⅲ部第一章の「トマス・モア」でやや詳しく説く予定である。この年の七月、エラスムスは短期間イギリスへ渡り、モア家の客となっていることも言い添えておこう。

宗教改革のはじまりと進展　暗転する運命

一五一七年という年は、ヨーロッパ史上決定的な意義をもつこととなった。かのルターが、名高い免罪符をめぐる「九五カ条の提題」をウィッテンベルクの教会に掲げ、ここに宗教改革が口火を切ったのである。これ以後、宗教改革の「卵を産んだ」エラスムスは、心ならずもその渦中に引き込まれ、新教徒、カトリック双方の側からの非難と激しい攻撃にさらされて、次第にその運命は暗転していくのである。エラスムスが、先にふれた教皇からの特別許可状を受け取るために、最後となる六度目のイギリス訪問をおこなったのもこの年のことである。四八歳にして、ようやく悲願だった修道士としての身分から解放されたのであった。やはりこの年、フランス王フランソワ一世の意を承けたギヨーム・ビュデが、「王立教授団」設立のために、エラスムスを招聘すべく努めたが、エラスムスはこれを謝絶している。この問題についても、後にふれることとしたい（第Ⅲ部第二章）。

この年の春には、エラスムスはアントウェルペンの友人ピーテル・ヒレスの家に寄留していたが、ルーヴァン大学に迎えられ、七月にはルーヴァンへ居を移している。保守的な神学者が巣食っているこの大学の神学部の一員となったことが、やがて彼を望まぬ論争へと引き込み、圧力を受けてこの町を去らざるを得なくなるのである。最初こそ歓迎されたものの、宗教改革の動きが激化するにつれて、次第に息苦しいものとなったルーヴァンでの生活は、四年間続いたが、祖国ネーデルラントも、結局は安住の地とも終焉の地ともならなかった。呪われた運命の「空飛ぶオランダ人」エラスムスは、異国の地で、彼がそうありたいと願っていた「居留民」として死ぬ運命であった。もっとも「全世界が私の祖国である」と明言し、彼の頭脳の中に築かれていた、人文主義者たちによる、「ヨーロッパ学芸王国」こそが彼の真の祖国であったからには、いずれの国、いずこの地で生を終えようと、それは大した意味をもたなかったかもしれないが。

この年を境に、以後ルターによる宗教改革の動きがますます急進化し、暴力化して、ついには宗教戦争にまで及ぶのは周知のとおりだが、その間ルターの主張に共鳴しつつもその過激な行動は是認せず、旗幟鮮明にしないまま、ひたすら寛容と融和を説くエラスムスの立場は、ますます悪化することになっていくのである。宗教改革が緒についたばかりの一五一九年、ルターは、ルーヴァンへ移っていたエラスムスに、みずからを「キリストにおける小さな兄弟」とへりくだった謙虚な書簡を書き送って支持を求めたが、エラスムスはルターに、彼の信仰への熱意を認めながらも節度を守ることを求め、その教皇への激しい攻撃をたしなめ、自分は「よき学問」に専念してその繁栄を図り、中立の立場を守りたいとの返書を送った。この書簡の冒頭部の、「あなたの御著書が、当地でどれほどの悲劇を惹き起こしたか、とてもことばには尽くせません。御労作は私が手を貸して書かれたものだとか、私がこの党派の旗手だとか言われている、とんでもなく誤った疑いを、今でも払拭できません」ということばは、エラスムスが陰でルターを煽動していると見られており、それを迷惑に思っていたことを物語っている。自分がルターの改革運動の思想の源と見られていることに、彼は我慢がならなかったのである。ルターとしては、時の一大権威であり、その発言が絶大な影響力をもつエラスムスになんとかして旗幟鮮明にさせ、自分の立場を強化したいとの目論見があったのだが、党派性を忌み嫌うエラスムスは、ついにルターに積極的に与することはせず、曖昧な態度を示すに終わった。これによりルターの心はエラスムスを離れ、次第に敵視へと転じていくのである。硬直化して煩瑣と虚飾に溺れ、堕落腐敗して本来のキリスト教信仰とは程遠いところに立っていた教皇庁やカトリック体制を、諷刺という手法を駆使して容赦なく批判したことによって、それと意識せずして、宗教改革の起爆剤をしかけたのはエラスムスである。これに対して、行動の人としてそれに火を点じ、教皇権とそれを支える体制を打ち壊すべくこれを猛攻撃し、咆哮をあげて宗教改革運動へと猛進したのがルターであった。フランシスコ会の修道士がエラスムスを非難して吐いたという、「エラスムスが卵を産み、ルターがそれを孵した」とのことばは、そのかぎりにおいては当を得たものである。もっとも、エラスムスはそれに対して、「私は鶏の卵を産んだが、ルターが孵したのはそれとは似てもつかぬ雛であった」と、一五二四年のカエサリウス宛の書簡で弁明しているのであるが。両人は福音書への回帰によるキリスト教信仰の再生を願うという点では、同じ方向をめざしていたが、思索の人と行動の人は、その方法において大きく異なっていたのである。ルター自身、早くから自分たち二人の本質的な相違には気づいていた。彼がエラスムスに関してもらした、「この人物においては、神に関することよりも人間に関することのほうが重要なのだ」ということばは、それを示している。あくまで人間の理性を信じ、「よき学問」による啓蒙と教養の向上によって、本来の信仰を回復できるものと信じていた人文主義者と、俗世を軽んじ、もはや理性を超えた世界に真理を求めて行動した宗教運動の指導者は、所詮は火と水の関係で、両者が折りあう余地はなかった。

不本意にも、宗教改革の渦中へ引き込まれつつはあったが、その一方で著作活動は依然として旺盛であり、相変わらず大量に書き流される書簡のほか、反戦・平和を訴えた著作として看過できない不変の価値をもつ『平和の訴え』(一五一七年)をはじめ、『結婚礼讃』(一五一八年)などが上梓されるが、とりわけ重要なのは、一五一九年に、『痴愚神礼讃』とともに、エラスムスの生んだ文学的傑作とされている『対話集』の改訂版が刊行されたことである。これはその前年フローベン書店が無断で初版を出版したことに憤慨したエラスムスが、これを補綴してルーヴァンで出版したもので、事実上これが初版だと言ってよい。刊行と同時に人気を博したルキアノスばりのこの作品は、その後版を重ねるにつれて膨れ上がり、一五三三年の最終的決定版は五九篇もの対話からなる浩瀚な書となり、エラスムスの卓越した文才を示す作品となっている。この作品のもつ意味や魅力については、第Ⅱ部第一章「文学者」の「『対話集』の作者としての貌」でとりあげ、少々検討してみるつもりである。

なにごとであれ争いを好まぬエラスムスにとっては、なんとも不幸なことだが、以後宗教改革の嵐の中にあって、エラスムスの日々は、否応なしにこの問題をめぐって展開することになった。その発言力が絶大であった「人文主義の王者」には、ことが宗教に関する問題だけに、「紅旗征戎《こうきせいじゅう》吾が事に非ず、世上乱逆に満つと雖もこれを注せず」と嘯いて、超然とした態度をとることは、許されなかったのである。ルターの側に立つ人々、エラスムスを師と仰ぐフッテンや彼の肖像画を描いたデューラーなどからは、しきりに支援を求められてはその煮えきらぬ態度を責められ、その一方で彼が籍を置いていたルーヴァン大学の保守的な神学者や、彼を敵視する守旧派の牙城であったパリ大学神学部からは、密かにルターに心を寄せる異端者として疑われるという、苦しい立場に追い込まれたのである。しかし党派性をなによりも嫌悪するエラスムスは、容易なことでは旗幟鮮明にせず、そのため双方から挟撃される結果を招くこととなった。

一五二一年ルターがローマ教皇から破門されるに及んで、改革派の動きはますます激しさを増し、やがて三年後にはトマス・ミュンツァーに率いられたドイツ農民の蜂起とその無慈悲な大弾圧という悲劇を招くこととなった。ルターが領主たちによる農民たちの弾圧と虐殺を歓迎したのに対して、エラスムスはその事態に心を痛め、暴力を否定したが、所詮は無力を思い知らされるだけに終わった。ひたすらに暴力を排し、寛容と融和を説く「エラスミスム」(エラスムス的態度)は、現実の暴力の前には無力である。現実を変革し、屋台骨の腐っていたカトリック体制に大打撃を与えたのは、鋼鉄のごとき意志をもち、無慈悲な農民弾圧さえも歓迎して恥じるところのなかった、行動の人ルターであった。

それに先立つ三年間も、エラスムスにとってはまさに針の莚であった。まずは反ルターの立場を明らかにしたルーヴァン大学神学部が、エラスムスにも反ルターの立場を明確にせよと迫り、宗教審問官エグモンダヌスによる猛烈な攻撃がはじまった。次いで同大学の若いイギリス人学者エドワード・リーが、エラスムスの新約聖書解釈に異論を唱え、両者の間に激烈な論争が交わされることになった。エラスムスにとっては不名誉なことに、この論争は純然たる学問的論争の域を越えて次第に泥仕合の様相を帯び、互いに中傷しあうまでになって、エラスムスの晩年を暗いものとしたのである。ルターとは対蹠的に、誰とも争うことを好まず、人を傷つけることを怖れ、ひたすら寛容と融和を重んじていたにもかかわらず、エラスムスの後半生は、皮肉なことに、さまざまな人物を相手にした論争に彩られている。その最たるものがルター相手の論争であるが、上記のリーとの論争や確執をはじめ、スペインのアルカラ大学のスニガとの応酬、聖書解釈をめぐるルフェーヴル・デタープルとの怨恨にまで至った論争、彼を執拗に攻撃したベダとの応酬、エグモンダヌス相手の信仰をめぐる激しいやりとり、かつての弟子であるフッテンからの攻撃に対する反撃といった具合で、心の休まるときとてなかったであろう。

　保守派の牙城である神学部からの圧力が増すにつれて、ルーヴァンでの風当たりはますます強くなり、一五二一年、エラスムスはそれに耐えかねてついにルーヴァンを去り、再びフローベンのいるバーゼルへと戻ることを余儀なくされたのである。ルーヴァンにとどまるかぎり、保守派に与してルターとの戦いに身を投じなければならぬと悟ったからであった。それによって、エラスムスが、聖書研究のために尽力した、ルーヴァン大学のギリシア・ラテン・ヘブライ三言語研究所も、保守的な神学者たちの猜疑と策略によって、危殆に瀕することとなってしまった。故国ネーデルラントでの生活は四年あまりで終わり、以後、約八年の長期間にわたってバーゼル居住時代が続くことになる。これは遍歴の生涯を送ったこの人物が、一カ所に居住した最も長い期間である。彼を悩ませたうるさい神学論争や、彼の権威を利用しようとするルター派、カトリック双方の手から逃れて、フローベンのいるこの町で、エラスムスはようやく研究と執筆に没頭できるはずであったが、燎原の火のごとく燃え広がった宗教改革の動きはここでも彼を襲い、否応なしに論争や攻撃の応酬へと、争いを嫌うこの男を引きずり込んでいくのである。

この間の特筆すべきこととして、バーゼルへと移動した年に、フローベン書店から、『エラスムス書簡集』が刊行されたことが挙げられる。これにはモアとの往復書簡二〇通や、最初の「モア伝」とも見られている、モアの人となりを伝えたフッテン宛の書簡が含まれており、書簡文学者としてのエラスムスの貌を窺う上で、貴重な資料となっている。

ルター派に共感を寄せているとのエラスムスへの疑いはさらに強まり、ついには教皇からもルターの教義に反駁せよとの要請があったが、エラスムスはこれさえも拒否した。ルターとの対立ばかりが強調されることが多いが、その過激な行動には賛同しないものの、キリスト教信仰の再生を願うエラスムスは、基本的にはルターの主張に共感するところが多く、ルターの弁護に努めている場合も少なくない。一五一九年に、ルターを庇護したザクセンの領主フリードリッヒ宛の書簡で、ルターという人物はまったく知らないし、友人として彼に好意的であると疑われていることは困るし、その著作は覗いてみたことさえないから擁護も非難もできないと言いながら、「彼を知る者で、誰であれその生き方を称賛しない者はおりません」と明言している。同年一〇月にも、ブランデンブルク選帝侯であったマインツの大司教アルベルト宛の書簡で、「私はルターを非難する者でも、擁護する者でも、告発する者でもありません」と述べた上で、彼についてその敵対者たちも認める「立派な人物(vir bonus)」だという言い方をしているのである。その翌年には、ルター派の側にはあったが、最後までよき友人であった人文主義者メランヒトンに宛てて、「私は私の主義(causa)と彼のそれとが、至るところで結びつけられているとしても、彼を支持します」とも言っている。

一五二四年、ルターはエラスムスに書簡を送って、自分たちとともに闘う意志がないのなら、カトリック側に与してのルター派批判をやめ、傍観者としての中立的立場を守って欲しいとの要求をした。しかしこの年から頑迷固陋な保守的神学者ノエル・ベダを中心とするパリ大学神学部は、エラスムスの著作への検閲を強めるようになり、周囲の圧力に屈したエラスムスは、やむなく筆を執って自由意志をめぐるルターとの見解の相違を明らかにした『自由意志論』を執筆し刊行した。これによってルターとは対立する立場に立つことを明らかにしたのである。ルター派を攻撃しないという理由で、ルター派と見られることに苦しんでいたばかりか、教皇をはじめ諸方から、反ルターの著作をあらわすことを求められてもなおそれを拒んでいた彼も、ついに追い詰められて筆を執ったのであった。

エラスムスのこの著作が公にされると、これに対し、ルターは翌年『奴隷意志論』をあらわして反駁、その翌年に今度はエラスムスが、『ルターの奴隷意志論への反駁』を上梓するといった具合に、両者の間の溝は深まるばかりであった。この問題はキリスト者にとっては重要な問題なのであろうが、キリスト教信仰をもたぬわれわれ大方の日本人にとっては、蝸牛角上の争いのごときもので、完全に蚊帳の外である。両者の争点は、神によって創造された人間の、自由意志の問題であった。人間の行動すべてが神によってあらかじめ定められていることに疑念を呈し、理性的な存在としての人間の自立性に信を置こうとする人文主義者と、人間の自由意志の存在を否定し、すべてはあらかじめ神の意志により定められているとする予定説を唱え、原罪以後完全に堕落した人間はただ恩寵によってのみ救われると主張する、信仰一途な男との根本的な見解の相違であり、対立であった。

これは純然たる神学上の論争であったにもかかわらず、ルターは、次第にエラスムスへの憎悪をむき出しにするようになる。エラスムスを南京虫のように「ひねりつぶす」と高言したり、「曖昧な物言いの王様」と嘲弄するなど容赦なく攻撃したばかりか、ついには彼を「悪魔」と呼び、「あらゆる信仰の敵、とりわけキリストの不倶戴天の敵」とまで決めつけた。エラスムスは、一五二六年四月一一日付のルター宛の書簡で、「乱暴な気質を備えた」この男に、「私と私の側に立つ最良の人を悩ませていることは、あなたがあれほどにも傲岸で、厚顔無恥で、煽動好きな性癖でもって、全世界を破滅的な不和のうちに崩壊させること、よき人々とよき学問を愛する人々とを、怒り狂ったパリサイ人どもの手に投じることです」と、手厳しく応じたが、ルターのエラスムスへの攻撃はやむことがなかった。一貫してルターのカトリック体制批判には共感し、教皇や高位聖職者、領主たちなどに書簡を送って、彼を擁護したり、寛大な措置をとるよう勧告していたエラスムスにとっては、なんとも不幸なことであったと言うほかない。

バーゼル時代の著作活動　ノエル・ベダによる攻撃

宗教改革の動きが熾烈になるにつれて、その渦中に巻き込まれたエラスムスの周辺にも不穏な空気がたちこめ、パリ大学神学部からの圧迫や攻撃も次第に露骨になってきたが、そんな中でも、エラスムスの旺盛な著作活動は衰えることを知らなかった。かねてから力をそそいできた初期教父たちの著作の編纂と刊行に尽力し、みずから校訂・編纂したアンブロシウス、イレナイオス、ヒラリウス、キュプリアヌス、アウグスティヌスなどの著作集を次々と刊行したばかりか、以前に出版したヒエロニュムスの改訂版を出し、さらにはヨアンネス・クリュソストモスのラテン語訳を世に送るなど、その精力的な出版活動は、瞠目すべきものがある。またこの時代に、一五一六年に出版した『校訂版　新約聖書』の第三版と第四版を刊行したが、第四版には、みずからのラテン語訳に添えてウルガタ訳をも併せ載せたところに特色がある。ほかには、『ラテン語とギリシア語の正しい発音について』、『キケロ派』(共に一五二八年)など古典学関係の著書が書かれたのもこのバーゼル時代のことであり、ヘンリー八世の妃であるアラゴンのキャサリンのために書かれた『キリスト教的結婚教育』(一五二六年)、『キリスト教的寡婦論』(一五二九年)といった作品もこの頃の産物である。今日では、こういった著作を読もうとする酔狂な人はいない。ほかにこの頃の著作で注目すべきものに、先に『コリント書釈義』(一五一九年)が出ていた新約聖書釈義『マタイ福音書釈義』(一五二二年)、『ルカ福音書釈義』(一五二三年)、『使徒言行録釈義』(一五二四年)がある。一般人に聖書を読むことを禁じ、聖職者の占有物となっていた聖書の知識を広め、聖職者のみならず、すべての人々が聖書に親しめるようにしたいというのが、エラスムスの意図するところであった。苔むしたスコラ学やアリストテレス哲学で凝り固まったキリスト教を、硬直化したカトリック教会の手から取り戻し、それを新約聖書の原点に返して、本来の姿に立ち戻らせて信仰の再生を図ることこそが、エラスムスの願うところであった。そのために、一般の庶民にもわかるようにと、福音書や使徒の書簡を、やさしいことばで翻案的に説明したのが『釈義』である。幸いこの試みは好評をもって迎えられ、『釈義』も、フランス語、ドイツ語、チェコ語、英語などに翻訳されて版を重ねたから、聖書の教えを少しでも民衆に近づけたいという、彼の素志は、ある程度は果たされたと言ってよかろう。しかしそれを俗語でなくラテン語をもっておこなったところに、やはりエラスムスの限界があったことは否めない。ルターが、聖書を、近代ドイツ語の基盤となった力強いドイツ語に翻訳したのとは、まさに対蹠的だと言える。民衆的なルターに対して、知的エリートである人文主義者として、エラスムスはやはり貴族的であって、それが彼を一般民衆から遠い存在としたことは否めない。

さてその間にも、ノエル・ベダを首魁とするパリ大学神学部のエラスムスへの攻撃は激しさを加え、一五二四年には『結婚礼讃』の仏訳を禁書とし、これに続いて『平和の訴え』の仏訳をも禁書に指定するに至った。エラスムスはたびたびベダに書簡を送ったり反駁文を綴ったりしたが、パリ大学神学部の絶対的権威を笠に着たベダの態度は硬化するばかりで、ついに一五二六年には、『対話集』を異端の書として禁書に指定するところまできた。それればかりか、この年にベダは『覚書』を世に送って、エラスムスとフランスにおける高名な人文主義者で聖書の仏訳者でもあったルフェーヴル・デタープルを、異端として告発するという挙に出たのである。エラスムスはパリ大学神学部に書簡を送って、軽挙妄動を慎むようにと警告したが、無駄であった。それどころか、一五二九年には、エラスムスの仏訳者ルイ・ド・ベルカンに異端との宣告を下し、パリでこの人物を火刑台に送るという暴挙に走ったのである。エラスムスは重ねてパリ大学神学部や高等法院に書簡を送り、またベダ本人にも警告を発したがその効もなく、パリ大学神学部はエラスムスを異端と断ずる決裁を草し、ついにはパリ大学全体が、エラスムスを異端とする決定を呑まされたのである。この時期のエラスムスは、執拗に彼を攻撃してやまなかったベダ一味との闘争に明け暮れたと言ってよいほどである。にもかかわらず、そのさなかにあって、先に挙げたような数多くの、それも重要な著作を世に送りだしたのはまことに驚くべきことで、そのか細い手が握った筆は、倦むことを知らぬ力を秘めていたと言うほかない。

バーゼル時代の一五二八年に、エラスムスは、ある書物を公にして、彼自身がその盟主とも言うべき存在であった人文主義者たちの世界に波紋を投じた。当時のラテン語のあるべき姿を論じた、対話形式の作品『キケロ派（*Ciceronianus*）』がそれである。彼は当時の人文主義者たちの中に、あまりにも異教的世界に深くのめりこんで、キリスト教信仰が薄れている人々がいることを察知して、それに危惧の念を抱いたのである。古代文芸復興の名を借りた異教主義の台頭は、「よき学問」とキリスト教信仰の統合を図った「キリスト教人文主義」を標榜するエラスムスにとっては、最も警戒すべきことであった。人文主義の本場であるイタリアでは、この傾向が著しく、それを代表する人文主義者がピエトロ・ベンボであり、フランスで同様な傾向を見せていたのが名高い古典学者エティエンヌ・ドレであった。かつての中国の古文復興運動において、「詩は必ず盛唐、文は必ず秦漢」と、その軌範とすべき古文が決められていたように、これらの人文主義者は、ラテン語を書くにあたって、キケロからはずれたようなものは一切認めない、との立場に立っていたのである。これに対してエラスムスは、このような人文主義者たちを「キケロ派」と呼んで、そのラテン語がキケロの文体の奴隷的模倣であることを批判し、ラテン語をもっと自分自身のものとして自由に用いるべきだと、彼自身の分身である登場人物の口を借りて、主張したのであった。その実践が『痴愚神礼讃』であり、『対話集』であって、その語彙は恐ろしく広範囲なラテン語文献から採られており、「思うがままに(ut opinor)」、自由自在な表現を用いているのが見られる。エラスムスの主張は、人文主義者たちから猛反発を買い、イタリアの古典学の大家スカリゲルに嚙みつかれるということも起こったのである。

ここで忘れてはならないことは、エラスムスは、キケロの奴隷的模倣に終始していると見た「キケロ派」を手厳しく批判したが、キケロその人を退けたわけではないということである。『対話集』に収める作品のひとつ「宗教的な饗宴」では、エラスムスの分身と見られるエウセビウスなる登場人物に、キケロの著作に見られる敬虔さを讃えて、

なんであれ敬虔なもので、よき風習へと人を導くものは、異教的なものと呼ばれてはなりません。確かに、聖書に第一の権威を認めるべきです。ではありますが、私は古代の人々によって言われたり、異教徒たちや詩人たちによって書かれたものの中に、まことに純潔で、まことに聖なる、まことに神聖なものにしばしば出くわしますので、それを書いたときに、何かよき神が彼らの胸中に宿ったのだと、信じないわけにはいきません。おそらく私たちが考えている以上に広範囲に、キリスト教精神が広がっていたのかもしれません。私たちが挙げることができる聖人たちよりも多くの聖人たちがいるのです。親しい友人の方々に、正直に好むところをお

話ししましょう。私はキケロの『老年について』、『友情について』、『義務について』、『トゥスクルム論叢』を読むと、一再ならずその本に接吻し、神意を吹き込まれた彼の聖なる心を崇めないではいられないのです。

と言わせている。これはエラスムスその人のキケロ観であったと見てよい。そもそもペトラルカにはじまる「キリスト教人文主義」そのものが、キケロに出ずるものであった。異教の古典で、キリスト教信仰と対立せぬもの、よきものは、可能なかぎりキリスト教信仰を深めるために利用するというのが、エラスムスの基本的な姿勢だったのである。

さて、エラスムスのバーゼル滞在は八年近く続いたが、彼が還暦を迎えた一五二九年になると宗教改革の波はこの町にも押し寄せ、町全体が騒然たる雰囲気に包まれるようになった。改革派の民衆はついに武装蜂起し、教会を襲撃するまでになったのである。宗教的に中立と信じて身を寄せた町が狂信に襲われるのを目の当たりにして、エラスムスはこれ以上バーゼルにとどまることを危険と判断し、脱出を考えるようになった。バーゼルの改革派の指導者エコランパドはエラスムスに好意的であり、しきりに彼を引き止めたが、町全体が改革派の支配するところとなり、カトリックへの反感を募らせていることに怖れを抱いたエラスムスは、密かに町を離れてライン河を下り、フライブルクへと逃れた。エコランパドがエラスムスを引き止めたのは、この人物にまだ広告塔としての存在価値を認めたからでもあった。「人文主義の王者」がいるというだけで、改革派の宣伝となり、その地歩を固め、強化できると考えられたのである。ともあれ、彼はバーゼルから逃れ出た。

フローベンのもとでの、その出版事業と緊密に結びついた活動は終わりを告げたのである。先にはルーヴァンからカトリックへの忠誠を疑われて逃れ、今度はバーゼルからルター派の過激な行動を怖れて逃れるという悲運を思って、彼の心は重く閉ざされていたことであろう。「女三界に家無し」ではないが、党派性を明らかにせぬかぎり、この人物に安住の地はなかった。

フライブルクでの老残の日々　バーゼルでの死

還暦を迎えたエラスムスが到着したフライブルクはドイツの小都市であるが、この高名な学者を歓迎し、彼は皇帝マクシミリアンの隠居所として建てられた館に住まうこととなった。ここに腰を落ち着けたエラスムスは家を買い求め、以後死の前年である一五三五年まで、約六年にわたる最晩年の日々をこの町で過ごすことになる。当時のドイツは、ルター派とカトリックとの抗争が激化して物情騒然としていたばかりか、スレイマン大帝が大軍を率いてオーストリアに迫っていた上に、イタリアでの覇権をめぐって神聖ローマ帝国皇帝カール五世とフランス王フランソワ一世が戦いを繰り広げるなど、まさに動乱のさなかにあって、内憂外患に大きく揺れていた。両者の間でいわゆる「貴婦人の和議」が結ばれたのは、エラスムスがフライブルクへ移った年のことである。しかしドイツ内部での宗教戦争は激化の一途をたどるばかりで、どこにも平和と安寧は存在せず、ひたすら寛容の精神を掲げ、和解と融和を説くエラスムスにとっては、失意の時代であったに相違ない。万人が古典的教養を深めることによって蒙を啓き、それによってヨーロッパ社会に融和がもたらされるという、キリスト教人文主義の精神は、領土的野心に燃えて、イタリアを舞台にして繰り広げられた強国間の争いと、流血をともなう激烈な宗教的抗争という現実を前にしては、無力であった。敗北感にうちひしがれたエラスムスは、しきりに諸方に書簡を書き送っては愚痴をこぼし、愁嘆が多くなる。生来虚弱な体質であったエラスムスは、この頃老齢に加えて持病の腎臓結石が悪化し、健康の衰えを痛感するようになっていた。六〇歳といえば当時ではもはや大老人であって、死に至るまであと七年の歳月が残されていたとはいえ、さすがのエラスムスの旺盛な著作活動も、死を前にした数年は、もはやかつてほどの力を失いつつあったのは、当然のことかもしれない。老いの苦さを噛みしめ、衰えゆく健康を自覚しながら、キリスト教徒同士の血で血を洗う、まさに兄弟鬩《けいていかき》に鬩《せめ》ぐ無慙な戦いを目の当たりにして、ひたすら宗教的寛容を説き、融和と和解を呼びかけた己の行為の虚しさを思う、老残の日々であった。にもかかわらず、エラスムスが筆を捨てることはなかった。言語のみを武器とし、「もの書く男」として生涯を送ったエラスムスは、その命が尽きるぎりぎりのところまで、ものを書くことをやめなかったのである。

フライブルクへ移った翌年には、教育者としての彼の見識のほどを示す『子供の教育について』（一五三〇年）をフローベン書店から上梓しているが、この書物は予想以上の反響を呼び版を重ねたばかりか、仏、伊、英の三カ国語に翻訳されて広く読まれるなど、エラスムスの影響は意外なところにも及んでいるのである。この頃の著作としては、好評を博した『使徒信経講解』、『教会和合回復論』（共に一五三三年）、エラスムスの在世中だけでも三二版を重ねた『死の準備について』、『常軌を逸せるルターに駁す』（共に一五三四年）といった著作があり、ほかには、プルタルコスを自在に翻案した『箴言集』（一五三一年）などもあって、晩年に至っても古典学者としての活動がなされていたことを物語っている。一五三四年『死の準備について』を書いた年からエラスムスは結石の持病に加えて痛風の痛みに襲われ、もはや自分の命が長くないことを悟っていると、友人への手紙に書き送っている。その翌年、エラスムスを決定的に打ちのめす大事件が、彼と深い縁で結ばれていた海の彼方で起こった。年を追って暴君となり、独裁者と化したヘンリー八世の命による、ジョン・フィッシャーと親友トマス・モアの刑死である。これより先、イギリスの大法官の地位にあったモアは、ローマ教皇の承認を得られぬままにキャサリン妃と離婚し、アン・ブーリンとの結婚を強行したヘンリー八世に抗議して、その地位を辞していたが、それに続く、国王がイギリス教会の首長を兼ねることを定めた「首長法」を最後まで否認したため、同じくこれを拒んだケンブリッジ大学総長ジョン・フィッシャーに続いて、大逆罪に問われて、タワー・ヒルで斬首されたのである。エラスムスの受けた衝撃と悲歎ははなはだしいものがあった。彼が「私たちはまさにさほどにまで**ヒトツノ魂**（*μία ψυχή*）だったのです」（以下、カタカナを含むゴシック体は原文がギリシア語であることを示す）と友人に語ったその魂の半分が、悲劇的な形で奪われたのである。エラスムスは生きる希望を失った。親交を結んだコレットはすでに亡く、マウントジョイ卿もウォーラム大司教も世を去っていた。死の迫ったエラスムスの日々は孤独の影が射し、暗い影に覆われていたのである。

一五三五年死の間近いことを悟ったエラスムスは、フライブルクを去って、病軀を押してフローベンのいるバーゼルへと向かった。あと一年足らずの命であった。二六歳で故郷のネーデルラントを去った日からはじまったヨーロッパを股にかけての四〇年にわたる遍歴の生涯は、このバーゼルで幕を閉じるのである。この年ローマ教皇から枢機卿に任じたいとの打診があったが、エラスムスはこれを固辞した。自分にはもはや現世の栄誉も死後の名声も不要である、願うところは、キリストの恵みを得て世を去ることだけである、というのである。八月末に友人ラトムスへの書簡で、「聖職禄も年金も欲しくないこと、ソノ日限リノ命ヲ生キル男は、日々死を待ち受け、しばしばそれを熱望していること、さほどの病苦に苦しめられていること」を伝えている。

死を迎える一五三六年、エラスムスは最後の著作となった旧約聖書の詩篇の釈義と『キリスト教会の純潔について』を執筆し、これを上梓した。この年『格言集』の最後の版がフローベン書店より出たが、収録された格言が、実に四一五一にも及ぶ浩瀚な書物となり、これは一九世紀まで、またとない古典宝典として、広く利用されつづけることとなった。このあとエラスムスが筆を手にしたのは、遺言状と、ルーヴァンにいた友人宛の書簡をしたためた折のみである。一五三六年七月、寄留していた友人フローベンの家で、エラスムスは世を去った。六七年の生涯であった。信じがたいほど膨大な書物を生み出した頭脳が、ついにその動きをやめたのである。死に際してつぶやいた最後のことばが、彼が終生その知的活動を営んだラテン語ではなく、“Lieve God”(愛する神さま)というオランダ語だったことは、母語というものが、どれほど人間の頭脳に奥深く刻まれているものかを物語っていて興味深い。

エラスムスの最初の著作集がフローベン書店から刊行されたのは、死後二年経った一五三八年からのことであり、四〇年には『エラスムス全集』全九巻が完結した。これは一八世紀に出たライデン版全一一巻全集の基礎となったものだが、九巻とはいえ、各巻が恐るべき大冊である。エラスムスはその生涯において、伝存するものだけでも四〇〇〇通を越える往復書簡を遺しているが、これがアレン夫妻の手で、全一〇巻(ほかに索引一巻)にまとめられたのは前世紀のことである。

生前ルター派、カトリック双方から非難や攻撃を浴びたエラスムスであったが、死後もなおその受難は続いた。彼の死後はカトリック側が態度を硬化させ、保守派の牙城であるパリ大学が、『痴愚神礼讃』、『対話集』をはじめとする作品を禁書としたのを手はじめに、スペインやイタリアでも同様の動きがあって聖職者にエラスムスを読むことを禁じ、プロローグでもふれたとおり、一五五八年には、教皇パウルス四世によって「第一級の異端者」と宣告されたエラスムスは、その全著作を禁書とされる措置をとられるという悲運に遭うこととなった。「公然たる異端よりも、偽物のカトリックのほうがより危険だ」というのが、その理由であった。生前はそのあまりの名声の高さゆえに、うっかり手を出せなかったカトリック体制側が、死後は異端・外道として、死者を思う存分に鞭打ち、その著作を目の敵にして、執拗にこれを圧殺しようと努めたのである。かくてエラスムスの著書は、焚書の憂き目を見ることとなった。裏を返せば、これは腐敗し硬直化していたカトリック体制が、いかにエラスムスの著作のもつ影響力をよく知り、それを怖れていたかということの証左にほかならない。カトリックによるエラスムス異端視はその後も長く続くが、禁書令にもかかわらず、カトリック世界を含めてエラスムスの著作は広く読み継がれ、近代に入るまで大きな影響力をもちつづけたことを、忘れてはなるまい。エラスムスの絶大な力を減じたものは、カトリック側からの圧力ではなく、近代に入ってからにわかに衰退したラテン語であったことは、先に述べたとおりである。

第Ⅱ部

エラスムスの三つの貌

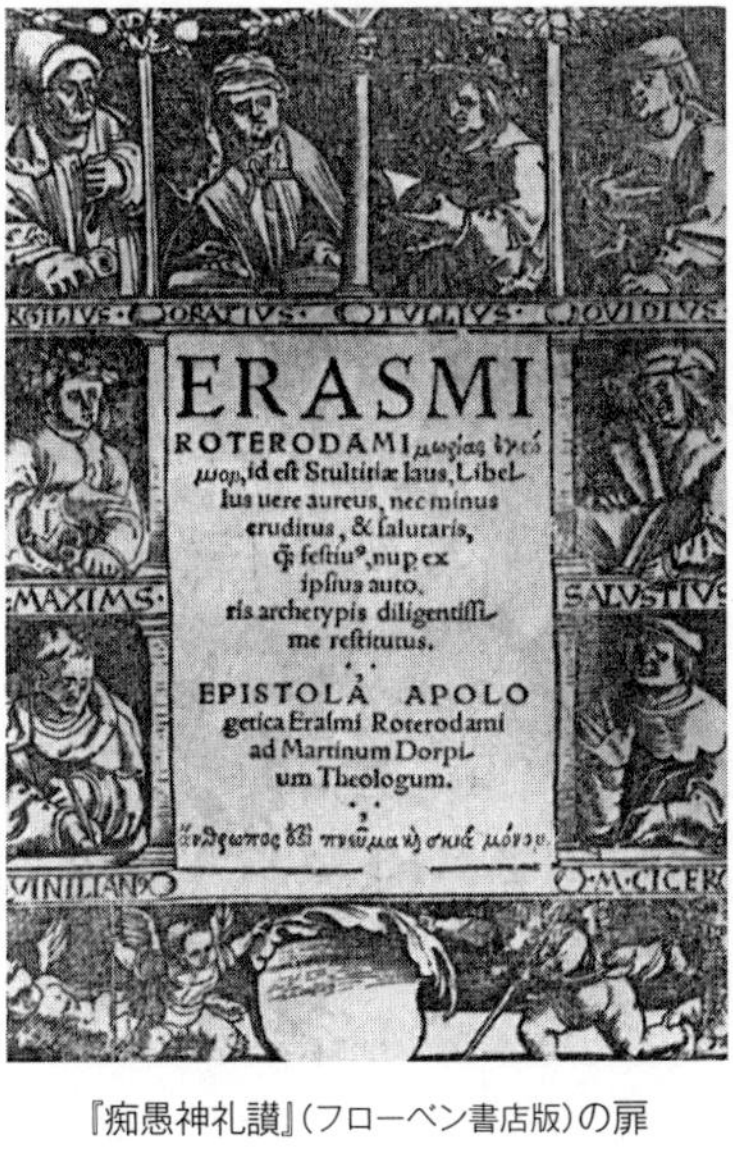

『痴愚神礼讃』(フローベン書店版)の扉

さまざまな貌をもつ男

ルネッサンス人の理想的人物像が、レオナルド・ダ・ヴィンチがその典型である「ウォーモ・ウニヴェルサーレ」(万能の人)であることは広く知られている。巨人の時代であるイタリア・ルネッサンスは数々の天才を生んだが、レオナルドこそはまさにそれを代表する存在であった。レオナルドには及ばぬにせよ、多方面に活躍した巨人は少なくない。エラスムスの親友トマス・モアにしても、法律家、政治家、人文主義者、詩人・作家であり、神学者でもあった。これらの巨人たちに比べれば、ひたすら言語の世界に生き、著述を生涯の業とした「もの書く男」エラスムスの世界は、限られたものであったことは否めない。彼は「万学の祖」と呼ばれたアリストテレス的な、広範囲に及ぶ知的領域を覆うタイプの人間ではなかった。自然科学も、医学も、工学も、美術も、音楽もこの人物の心をとらえることはなく、その方面の仕事はなにひとつ遺してはいない。にもかかわらず、この男がことばで築き上げた世界は、それだけでも、後世のわれわれには十分に広すぎるものであった。人文科学が専門化、細分化した今日では想像もつかないほど、この知的巨人の活動範囲は広がっているのである。ほぼ同じ時代を生きたモンテーニュが、『エセー』の執筆に集中し、広さよりも深さを特質としているのに比し、エラスムスの著作活動は、なによりまず広さを特徴としており、その結果さまざまな貌をもつこととなったのである。あらゆる古典の書物を読み、博学無双の聞こえが高く、幅広い著作活動を繰り広げたこの人物は、「普遍的文人」とでも言うべき存在であったとは言えよう。われわれはすでに第Ⅰ部「エラスムスとは誰か」で、この知的巨人の生涯とその著作活動の跡を、ざっとながら追ってみた。第Ⅱ部ではいまだ知られざる側面に主に光を当てて、この男のもつ三つの貌を窺うこととするが、ひとつひとつの横顔を覗く前に、その相貌の輪郭全体をもう一度確認しておこう。

エラスムスの本領はなんといっても人文主義者たるところにある。ルネッサンスは数々の傑出した人文主義者を輩出したが、中でも「キリスト教人文主義」の体現者たるエラスムスは、これを推進するために鋭意ギリシア・ラテンの古典研究を推し進め、その結果、古典学者としても大きな仕事を遺すこととなった。文献学者、校訂・編纂者としての彼の業績の一端については第Ⅰ部でふれたが、古典学者エラスムスの貌は、わが国では紹介されていないので、それを第二章で窺うこととする。エラスムスの古典学者、ギリシア学者としての仕事を紹介するのが、本書の狙いのひとつである。

次にエラスムスには神学者、聖書学者としての貌があるが、これは本書の意図するところから外れるので、その方面の活動と事績については、第Ⅰ部でふれた程度にとどめる。

エラスムスの著作の大方が忘れられ、沈黙を強いられている今日、なおもわれわれ現代の読者の精神にはたらきかけ魅了し得るものは、文学者、諷刺作家としてのエラスムスであろう。代表作『痴愚神礼讃』と、『対話集』の作者としての貌がそれである。これも、わが国では不思議なほど論じられることが少なかった。まずは次章で『痴愚神礼讃』と『対話集』をとりあげ、文学者エラスムスの貌を瞥見することとしよう。彼はまたラテン語詩人でもあった。その詩は退屈で詩興も乏しいが、彼が若き日に詩人として出発したことも事実であって、これも知られざる一面であるから、そのほんの一端を紹介することとしたい。

エラスムスにはまた、ヨーロッパ史上屈指の書簡文学者としての貌もある。これがわが国では最も知られていない横顔である。彼が同時代の人文主義者や一流の知識人と交わした往復書簡は、一六世紀の知的動向と精神風景を映し出す鏡として大きな意味をもつ。書簡文学者としての彼の横顔は、本書の第Ⅲ部で、トマス・モアとギヨーム・ビュデという二大人文主義者との往復書簡を通じての交友をとりあげ、窺い見ることとしたい。

最後に、エラスムスには、熱烈な反戦・平和主義者としての貌もあった。理想主義的で観念的だと片づけられがちな、エラスムスの平和主義であるが、キリスト教原理主義やイスラム原理主義が現実世界で力をもち、脅威となっているのが現代であってみれば、狂信の徹底した敵として、寛容の精神と非暴力を訴える「エラスミスム」のもつ意義は、今日のような時代こそ求められるべきだろう。本書では第Ⅱ部第三章として「平和主義者」を設け、エラスムスの反戦・平和主義精神のありようを眺めることとする。

第一章 文学者

『痴愚神礼讃』に見る諷刺作家の貌

今日エラスムスなる過去の人物が、わが国の読者に多少なりとも知られているとすれば、それはもっぱら、彼の代表作とされ、ルネッサンス文学の古典としての不動の位置を占めている『痴愚神礼讃(*Moriae Encomium*)』という、諷刺をこととする小品によってであろう。幸いなことにこの作品は、わが国のフランス・ルネッサンス文学の泰斗であった渡辺一夫氏による名訳(『痴愚神礼讃』岩波書店(岩波文庫)、一九五四年)があり、さらにはその高足である二宮敬氏が、これにさらに手を加えたすぐれた邦訳(『痴愚神礼讃』中央公論新社(中公クラシックス)、二〇〇六年)もあるから、その気になりさえすれば、われわれは日本語で諷刺作家としてのエラスムスを存分に楽しむことができる。両氏の翻訳は、基本的にはピエール・ド・ノラックの仏訳をベースにしたものと見受けられるが、エラスムスの悪達者とも言える自由闊達で奔放な文体のラテン語を、見事な日本語に仕立て上げたその技量は、余人の及ぶところではない。ラテン語原典からの最新の翻訳として、本書の著者による『痴愚神礼讃——ラテン語原典訳』(中央公論新社(中公文庫)、二〇一四年)がある。

エラスムス本人にとってはまことに不本意なことではあろうが、ホイジンガが「完全な芸術作品」と称えるだけあって、死後彼の代表作と見なされ、その名と不可分に結びついているこのユニークな小品こそは、文学者とりわけ諷刺作家としてのこの人物の貌を窺うのに、絶好の作品であることは疑いない。エラスムスがほんの戯れのつもりで書き、後にはこれを書いたことを後悔さえもしたこの作品は、アリストパネス、ルキアノスにはじまるヨーロッパの諷刺文学の傑作のひとつとして生きており、われわれ現代の読者が、心おきなく楽しめるだけの魅力をも備えてもいるのである。まだこの作品を手にしたことのない読者を念頭において、諷刺作家としてのエラスムスの横顔を覗き見てみよう(以下この作品からの引用は、沓掛良彦訳『痴愚神礼讃』による)。

第I部「エラスムスとは誰か」でも少々ふれたが、一五〇九年、親友トマス・モアの家に滞在中に数日間で一気呵成に書かれ、モアに献じられたこの作品は、彼が序文として掲げたモア宛の書簡によれば、三年間のイタリア滞在を終えてイギリスへと戻る旅の途上で、馬の背に揺られながら着想を得たものだという。エラスムスは友人モアの名のラテン語形“Morus”が、愚者を意味するギリシア語“moros”に似ていることに気づき、そこから“moria”(痴愚)を「痴愚女神(Moria)」という女神に仕立て上げてその頌詞を書き、生来冗談好きであったモアを楽しませようと考えたのであった。愚かさとは最も無縁の賢者でありながら、皮肉にも「愚者」という名をもった友人モアに楽しんでもらおうと、「モア礼讃」、「モア頌」との意味をも込めて書かれたのが、この『痴愚神礼讃(*Moriae Encomium*)』なる作品なのである(この作品の題名は、渡辺一夫氏の名訳以来『痴愚神礼讃』という邦訳が定着しているが、ギリシア語“*ἐγκώμιον*”とそのラテン語形“encomium”の原意は、修辞学の用語で特定の個人への頌詞を意味するから、邦訳も本来は『痴愚女神頌』とするべきかと思われる)。これは、エラスムスが自分が蒔いた種が原因で、宗教改革の流れに心ならずも引き込まれ、苦悩する日々を送ることになる以前に書かれた作だけあって、全篇に陽気で明るい雰囲気が漂っていて、読む者を楽しませてくれる傑作である。

この作品は、一五一一年にパリのジル・ド・グールモン書店から刊行されるや爆発的人気を呼び、初版一八〇〇部がたちまち売り切れるという、当時としては驚くべきベストセラーとなったことは、先にふれたとおりである。一五一四年のフローベン書店刊の増補改版を経て、その後も毎年のように版を重ね、生前だけでも二一の出版社から刊行され、実に三六版に達したという点でも目覚ましいものがあるが、なによりもエラスムスがその後半部において、教皇をはじめとするカトリック体制への容赦ない痛烈な諷刺を盛り込んだことが、結果としてこの小品を、宗教改革へと導く起爆剤としたのであった。小さな本だが、その意味では途方もなく大きな歴史的意味をもつこととなった作品なのである。エラスムスは序文として添えたモアへの書簡で、この作品が彼の諷刺の対象となった人々から攻撃されることを予想して、次のようにいわば予防線を張っている。

> これを誹謗中傷する輩には事欠かないでありましょう。この手の連中は、やれこんな馬鹿げたたわごとは、軽薄すぎて神学者にはふさわしくないだの、やれ辛辣すぎてキリスト者の慎みにふさわしくないだのと、非難を浴びせることでしょう。(『痴愚神礼讃』、一五頁)

いかなる種類の人間をも容赦しないという人物は、誰かある特定の人にではなく、世のありとあらゆる悪行に憤慨しているのだと思われるのです。〔…〕聡明な読者は、私の意とするところが、辛辣であるよりは人を楽しませることにあるのだと、苦もなくおわかりになりましょう。〔…〕醜悪なことよりも、むしろ笑うべきことをあげつらうように努めたのです。（同書、一八―一九頁）

いかにも、ホラティウスの言う「笑いながら真実を語る」流儀に倣ったこの作品は、その諷刺の対象として「いかなる種類の人間をも容赦」せず、キリスト教世界に君臨して神聖視されていた、教皇を親玉とするカトリック体制をも容赦なく諷刺し、それを支える精神的支柱であったスコラ神学などの馬鹿馬鹿しさを徹底的に揶揄愚弄して、笑いによって旧体制をゆさぶった。その危険性に気づいた守旧派の人々がこれを讒謗し、不信の徒による異端の匂いのする書として、親友モアによる弁護があったにもかかわらずやがてカトリックの禁書に指定して、その影響力を封じ込めようとしたのも、また当然であったかもしれない。諷刺文学の常として、滑稽な中にも恐るべき毒を含んでいるのである。そういう攻撃に対して、エラスムスは、自分がこの作品で意図したものは、『キリスト教兵士提要』と同じであって、それを痴愚女神への頌詞という形を借りて、裏から表現したにすぎないと弁明したが、所詮は無駄であった。

古来ヨーロッパには、アリストパネスにはじまりスウィフトに至る偉大な諷刺文学の系譜があり、また一方で、『阿呆船』の作者ゼバスティアン・ブラントやセルバンテスの作品のような「阿呆の文学」とでも言うべき系譜もあって、エラスムスのこの『痴愚神礼讃』は、その両方の流れから出てきたものである(アルブレヒト・デューラーの挿絵によっても知られる、ドイツの人文主義者ブラントの『阿呆船』は一四九七年にはラテン語訳が出ていて、ヨーロッパ中で広く読まれていたから、エラスムスはこれを読んでいた可能性があると、H・H・ハドソンは推定している。エラスムスが当時広く読まれていたこの作品から、示唆を受けたことは十分に考えられる)。しかしエラスムスが、卓抜な人間観察と人間の愚かさへの痛烈な諷刺を本領とするこのユニークな作品を書く上で、なんといっても最も多くを学び、またそのモデルとしたのは、二世紀のローマ帝国に生きたシリア人ギリシア語作家で、彼自身がその作品の幾つかをモアと共訳もしていたルキアノスであった。最初弁辞家として出発し、やがて文学に転じた、無神論者であり懐疑論者であるこの奇才は、エラスムス同様に帝国内の各地を放浪しつつ、その間に多くは対話体による諷刺作品を書いた。神々であれ、哲学であれ、弁辞学であれ、権力者であれ、徹底的にこれを揶揄、嘲笑し、笑い飛ばすその作風は、彼一流の皮肉な人間観察と相俟って、現代の読者をも十分に楽しませるだけのものをもっている。文学者、諷刺作家エラスムスはその直系だと言っても過言ではない。また彼自身それを強く意識していたことは、明らかである。『痴愚神礼讃』にはルキアノスへの言及もあり、文体の上でも影響が認められる。たとえば世界をひとつの劇場に見立て、天の高みから人間世界を見下ろしてこれを眺め、あれこれ論評するという手法などは、明らかにルキアノスに学んだものである。

ルキアノスの作品に倣ったところの多いこの『痴愚神礼讃』は、その形式から言えば、中世以来の修辞学の一分野である「デクラマティオ(declamatio)」(修辞学で学ぶ練習演説のこと)のパロディーという形をとっている。つまりは、聴衆を前に痴愚女神が演台に向かってしずしずと登場し、最初から最後まで弁舌をふるい、その退場の挨拶をもって終わるのである（ドイツの版画家ホルバインが、この作品のために描いた挿画はよく知られているが、それには驢馬の耳のついた阿呆の帽子をかぶった痴愚女神の姿が描かれている）。すなわち、全篇が痴愚女神の独演会であって、彼女自身による自画自賛の大演説となっている。原タイトル“Moriae Encomium”とは、より正確には、「痴愚女神の（自己）礼讃」ないしは「痴愚女神の（己自身への）頌詞」にほかならない。この形式はエラスムスの独創によるものだが、修辞学の伝統をもたぬわが国の読者には、なじみのない文学形式であるから、違和感をもつ読者もいようし、冒頭部の痴愚女神の名乗りのあたりで馬鹿馬鹿しくなって、巻を擲《なげう》ちたくなる人もいるだろう。しかしそこは我慢である。世にもユニークな諷刺作品としての真骨頂は少々後の、世の「賢者」や高位聖職者を徹底的に揶揄攻撃し、笑いのめしているくだりにあるからだ。

さて作者エラスムスの仮面をつけた姿であり、その代弁者作品にほかならぬのがこの痴愚女神なのだが、彼女は架空の聴衆を前にして登場するなり、以下やたらにギリシア語をまじえて滔々と弁舌をふるい、万人に恩恵を施していると自画自賛しつつ、次第に舌鋒を鋭くして、痛烈な諷刺へと転じていく。ホイジンガはこれを、「完璧であり、創造の衝動が霊感を受けた瞬間の作品である。聴衆に向って語る演説者の姿は最後まで入神の技法をもって描かれている」（J・ホイジンガ『エラスムス――宗教改革の時代』宮崎信彦訳、筑摩書房、一九六五年、七八頁）と絶賛してやまないが、これはいささか過褒というものだろう。しばしば指摘されているように、キリスト教の本質にふれた最後の部分に至ると、キリスト教における痴愚の役割を説くことに熱心なあまり、この作品の妙味であった諷刺も消えて、痴愚女神に代わっていつの間にか作者エラスムスが顔をむき出しにしてしまい、大真面目に長広舌をふるっているのが見られる。この一貫性の欠如は形式上の破綻であって、文学作品としての弱点となっていることは否めない。エラスムスはドラマ作家としては完璧ではなく、批評家精神が優っているということであろう。気がつけばいつの間にか痴愚女神を押しのけて素顔のエラスムスが顔を出し、「キリスト教は全体として、痴愚となにほどか血脈を通じているところがあり、知恵とは相通じるところが極めて乏しいように思われます」(『痴愚神礼讃』、二一三頁)などと聖書談義を繰り広げているのは興ざめではあるが、最初から最後までおもしろい文学作品というものは稀であるから、これも多少は我慢していただくほかはない。このあたりで巻を覆うか、それとも最後までエラスムスの長広舌につきあうか、それは読者次第であろう。

　痴愚女神の「デクラマティオ」すなわち演説は、まずは自分の存在がいかに世の人々を明るく楽しくしているかを述べて、「さればこれからお聞きになるのはヘラクレスの礼讃でもソロンの礼讃でもなく、私自身、つまりは痴愚女神の礼讃にほかなりません」(同書、二二頁)。「ご覧のとおり、私こそはラテン人がStultitia《ストゥルティティア》と呼び、ギリシア人がMoria《モーリア》と呼んでいる、真の、**善キモノ**を惜しげなく分け与えている女神なのです」(同書、二五頁)と名乗り、次いで豊饒と富の神プルートスを父として生まれたという素性を語る。これは「デクラマティオ」の形式を踏まえたものである。

　さて名乗りを終えた痴愚女神は、まずは以下滔々と、また延々と休みなく、この世の万人を幸せにしている痴愚の効用を褒め称えつつ、自己礼讃をおこない、自分への頌詞を述べるのである。以下次々と繰り広げられているのは、言ってみれば、当時の世界を埋め尽くしていた、もろもろの愚者の一大画廊であり、痴愚女神の口を借りて世の人々の愚かしさを映し出した万華鏡のごときものである。無論この痴愚女神の自己礼讃、自慢話は裏から読まねばならない。老若男女、貴賤を問わずあらゆる人間が痴愚女神の恩恵を蒙り、その支配下にあると自慢させることによって、エラスムスはこの女神の口を借りて、人間というものの愚かさを衝いているのである。はじめてこの作品に接したわが国の大方の読者は、かつて本書の著者がそうであったように、「なんじゃこりゃ、このふざけた作品は」との印象を抱くに相違ない。痴愚女神が万人が自分の支配下にあって、その恩恵を蒙っていると自画自賛しているあたりで、われわれ日本の読者にはなじみのないその一風変わった語り口や、次々と痴愚女神から飛び出すギリシア・ローマ古典への言及の多さに辟易する読者もいるだろう。しかしそこを少々辛抱すると、最初はユーモラスだった痴愚女神の舌鋒はにわかに鋭くなって、高位聖職者なかんずくローマ教皇の腐敗堕落ぶりを攻撃し、揶揄するくだりで、その真骨頂があらわれる。そこが一番の見どころであり、この作品の山であることは確かである。

人間を幸福にする上で不可欠の要素としての痴愚の効用を説いた後、痴愚女神は、最初にまだ知恵のつかぬ、つまりは愚かさのうちにある幼児、少年、青年の幸福を挙げ、さらには老いて幼児に還り、痴愚の姿に戻ることで、灰色の老年に耐え得る老人の幸せを述べる。次いで、愚かであるがゆえに幸福な存在の例として女性を挙げる。

ギリシアの諺に申しますように、「緋の衣をまとっていようと猿は所詮は猿」なのです。それと同じこと、女は所詮は女、つまりはどんな仮面をかぶったところで、愚かなのです。〔…〕実際、しかるべく考えてみれば、女たちが多くの点で男たちよりも幸せなのは、ほかでもなく、愚かさゆえなのだと認めていただかねばなりません。(同書、四九頁)

などと述べて、

男の眼から見て、愚かであるということ以外に、女にどんな取り柄がありましょうか?(同書、五〇頁)

という痴愚女神のことばに怒りを覚える女性の読者もいようが、これはエラスムスの本音ではない。彼は教養ある女性を高く評価し、常に女性の側に立つ男であった。こうして痴愚の明るい効用を滔々と並べ立てる、痴愚女神の陽気なおしゃべりが続くのだが、

要するに、この私という者がいなければ、この世にはいかなる人と人との交わりもありえなければ、人生における結びつきも幸福に長続きはしない、ということなのです。(同書、五六—五七頁)

というのがその主張であって、人が友情を結んだり、男が女に惚れたり、男が結婚前の娘がどれほど遊び戯れていたかを知らずに結婚して、偕老同穴のちぎりを結ぶのも、すべて痴愚女神とその家

来である「愛想」だとか「思い違い」だとか「虚偽」だとかいったものの力によるのだと自慢するのである。智恵と明察は人間を不幸にするばかりであって、

人がお互い同士、ときには幻想を抱き、ときにはへつらい、ときには賢明な態度で眼をつぶってやり、ときには愚かさという甘い蜜で尖った心をやわらげないかぎり、君主は民衆にとって、下僕は主人にとって、侍女は奥方にとって、生徒は教師にとって、友人は友人にとって、夫は妻にとって、借家人は家主にとって、同僚は同僚にとって、飲み仲間は飲み仲間にとって、長いこと我慢できる存在ではなくなることでしょう。（同書、五七頁）

と痴愚の効用を得々と自慢し、人間にその惨めさを忘れさせ、幸福を望ませ、快楽という蜜を味わわせて、不幸の悲哀をやわらげる己の存在を自画自賛するのである。この痴愚女神の陽気で皮肉たっぷりな饒舌の中には、卓抜な人間社会の観察者としてのエラスムスの眼が光っていて、われわれ読者は苦笑しつつ、これに同意せざるを得ない。ここまでは諷刺というよりはむしろアイロニーが支配的だと言ってもよい。

しかし痴愚女神のこの陽気なおしゃべりは、その矛先が賢者をもって任ずる世の人々に向けられると、とたんに辛辣な揶揄や愚弄が飛び出し、自称賢者を次々と槍玉に上げては、その愚かしさをあげつらってこれを痛烈に諷刺し、嘲笑するのである。このあたりは実に痛快で、ルキアノスに学んだエラスムスの諷刺作家としての筆が、一段と冴えわたっているのが見られる。俎上に載せられ、

揶揄され、愚弄され、完膚なきまでに笑いのめされているのは、文法学者、修辞学者、詩人・文人、法律学者、論理学者、哲学者、スコラ神学者、修道士といった面々で、いずれも世に知者・賢人と思われ、自分でもそう信じている輩が、その実いかに愚鈍であるかがあざやかに描き出されていて、これには笑わざるを得ない。ホラティウスの言う「笑いながら真実を語る」とは、まさにこれを言うのだろう。その辛辣な諷刺は実際に作品に就いて見ていただくほかないが、とりわけ辛辣なのが、神学者たちに対する諷刺である。聖書の原典に立ち返って、キリスト教信仰を再生させようと願っていたエラスムスにとって、旧套墨守、頑迷固陋なスコラ神学者は癌であり仇敵であった。スコラ神学への嫌悪感は、「よりすぐれた学問を身に着けた神学者たちの中には、こういう煩瑣巧緻な議論に吐き気を催し、それをつまらぬことと考えている方々もおられるからです」(同書、一五一頁)との痴愚女神のことばのうちに、露呈している。実際には聖書も知らず、豪壮な定義だの明白な命題だのといったもので武装し、「神は女だの、悪魔だの、驢馬だの、かぼちゃだの、火打石だのの形をとって姿をあらわすことができたであろうか？　それができたとすれば、いかにしてかぼちゃは説教したり、奇跡をおこなったり、十字架にかけられたりすることが可能であるか？」(同書、一四四頁)といったたわけた論題を、「瞬間」、「観念」、「関係」、「持続」、「形相」、「本質」、「個体性」といった空疎な用語をふりまわして議論し、「しちめんどうな阿呆ごと」に憂き身をやつしているのが、このスコラ神学者という手合いなのである。

わが神学者先生たちときたら、自己満足にひたって得意満々、みずからを褒めちぎって、昼夜を分かたずこの心楽しいたわごとに没頭していますから、一度たりとも福音書やパウロの書簡を繙く暇もありません。(同書、一五一頁)

この先生方が、聖書の文言を、まるで蠟細工のように思いのままにこねくりまわし、また練り直したりするとき、どれほどの幸福感を味わっているか、容易に想像がつこうというものです。(同書、一五二頁)

とどのつまりは、「われらが師よ」(magister noster)と敬虔などといってよいほどのうやうやしさをもって挨拶されますと、この先生方は、自分を神に近いものと思ってしまうのです。(同書、一五五頁)

といった具合で、その毒舌と揶揄はとどまるところを知らない。さらには痴愚女神の矛先は、今度は修道士とか隠者とかいう「まったくの偽の呼び名」で呼ばれている、「大部分はおよそ宗教《レリギオ》とは縁無き衆生」へと向けられる(同書、一五五頁)。ここでも「最も敬虔なのは無学であることだと考え、物を読むことさえもでき」ない無学のくせに、「俗人を木端《こっぱ》同然に見て蔑んでいるばかりか、会派同士でも軽蔑し合って」いる(同書、一五六―一五七頁)修道士が、徹底的に愚弄嘲笑されており、みずからも修道士身分にありながら、エラスムスが修道生活をいかに嫌悪し、無意味なものと考えていたかが、窺われるのである。最後にもう一度馬鹿馬鹿しく荒唐無稽な神学談義や説教をする神学者が笑いものにされているが、これは保守的なカトリック神学者には、耐えがたい侮辱と感じられたであろう。スコラ神学に凝り固まった、保守派の牙城であったパリ大学神学部が、この書を目の敵としたのもよくわかる。

次いで痴愚女神は王侯貴族、廷臣を槍玉に上げるが、神学者などに対する辛辣な批判と嘲笑に比べると、このくだりはむしろ慨嘆と批判に近く、辛辣さは影をひそめている。またふれられている箇所も短い。本来ならば王たるものは公共の利益を図り、民の安寧のために尽くすべきなのに、実際にいる王侯とは、

法律には無知で、公共の福祉にはほとんど敵対的で、ひたすら自分の利を図ることに熱心で、あらゆる快楽におぼれ、学問を忌み嫌い、自由や真理を忌み嫌い、国家の安寧なぞは毛筋ほども考えず、あらゆるものを自分の欲望と利得の天秤にかけるような人物（同書、一七一―一七二頁）

といった存在でしかない。その家来たる廷臣どもに至っては、「この人種の大部分ほど、卑しく、卑屈で、つまらぬ、下等な連中はいないのですが」（同書、一七二頁）と、唾棄すべき存在として、切って捨てられている。親友モアがその意に反してヘンリー八世の宮廷入りした折に、モアを宮廷に「引きずり込まれてしまった」と評したように、エラスムスがこの類の人種を嫌っていたことは、ここからも明らかである。

さて諷刺文学としての『痴愚神礼讃』が佳境に入り、作者エラスムスの筆が最も生彩を放っているのは、これに続く高位聖職者と教皇に対する、辛辣きわまりない諷刺と遠慮会釈ない揶揄においてである。ここにエラスムスは、笑いの陰に隠してなにくわぬ顔で宗教改革の卵を産みつけ、やがてルターがそれを拾い上げて孵し、プロテスタントという巨大な怪鳥に育て上げるのである。痴愚女神は、信仰などはどこかへ投げ捨てて堕落のきわみに達し、世俗の王侯貴族にもまして遊蕩惰弱で華奢な生活に耽っている枢機卿、司教の現在の姿を描き、

ところが当節ではこういう方々は、御自分を養うことにかけては、実にみごとにやってのけられていています。その上、羊たちの面倒をみることはキリスト御自身にそっくりおまかせするか、彼らが「兄弟《フラトレス》」〔修道士〕と呼んでいる連中や司教代理に押しつけているのです。（同書、一七五頁）

というありさまを暴く。さらには、勤労と献身の生涯を送った昔の使徒たちの裔であるはずの枢機卿などが、暖衣飽食し、ひたすら蓄財に励んでいるていたらくが指摘されている。痴愚女神の口を借りて、エラスムスがこの類の人種を断罪する口調は手厳しい。

高位聖職者に対する揶揄と批判は、この後にくる教皇批判において頂点に達している。諷刺作家エラスムスの筆は一段と冴え、彼が「世界のキリスト教会の疫病」とまで呼んだ教皇とその背後にあるカトリック体制への憤激が、遠慮会釈のない痛烈な諷刺として炸裂していると言ってよい。三

年にわたるイタリア滞在でカトリック体制の腐敗堕落を親しく見聞し、完全に世俗権力と化した教皇庁の実態を見届けたことが、エラスムスにこのような容赦ない教皇批判の筆をふるわせたことは疑いない。苦い笑いに満ち、滑稽な中にも悲惨な、当時のカトリック体制への仮借ない批判として、このくだりは引用に値する。少々長くなるが、肝腎な部分なので、その箇所を引く。

もしキリストの代理である教皇様方が、キリストの生き方を、つまりはその貧窮と、労苦と、教えと、苦難と、現世蔑視に倣おうと努められたなら、あるいは「父」を意味する「教皇《パパ》」ということばや「聖下」という称号の持つ意味をお考えになったら、この世にこれ以上苦しみに満ちたものがありましょうか? あらゆる手段を弄して、その地位を買おうとする者がおりましょうか? また、買い取った地位を、剣《つるぎ》と毒薬とあらゆる暴力を用いて、護ろうとする者がおりましょうか? もし知恵というものがただの一度でも、教皇様方の頭に入り込んだなら、これらの方々はどれほどの特権を失ってしまわれることでしょう。

おや、知恵などと口にしましたか? いえいえ、せめてキリストが仰せられたあの塩の一粒でも、ということです。どれほどの財宝《たから》、どれほどの栄誉、どれほどの権威、どれほどの勝利、どれほどの役職、どれほどの特免権、どれほどの税、どれほどの免罪符、どれほどの馬匹《ばひつ》、騾馬、警護の兵、どれほどの快楽を手放すことになるのでしょう。これらを挙げただけでも、私が教皇様のものである、どれほどさまざまな商売、どれほどの莫大な収穫と、大海をも埋め尽くすほどの財貨を、わずかなことばで言い尽くそうとしたか、おわかりいただけますね。(同

書、一七七―一七八頁）

ところが当節では、なんであれ骨の折れる務めは、たっぷりと暇がおありのペトロやパウロにほとんどおまかせしておき、豪勢なことや楽しいことがあると、それは御自分の取り分となさってておられます。まあそんな具合で、この私のおかげで、人間たちの中でこれほど遊惰な、わずらいのない生活を送っている方はおりません。神秘めかした、芝居がかった衣装に身を包み、儀式をとりおこない、「至福なる」だの、「尊師」だの、「聖下」だのといった称号を帯びて、祝福を与えたり、呪詛したりして監督役《エピスコポス》を演じていれば、それでもう十分にキリストを満足させているものと思っていますからね。

奇跡をおこなうなんて昔のことで時代遅れ、およそ当代にふさわしいことではありません。民衆を教化するのは骨が折れます。聖書を読解することは学校教師の仕事ですし、祈りを捧げるなんて閑人のやることで、涙を流すことはみじめたらしく、女々しいことです。貧窮のうちに生きることはけがらわしく、争いに負けるのは見苦しいことで、最も偉大な王にさえも、祝福された足をそうそうは接吻させせないお方には、およそふさわしからぬことです。とどのつまりは、死ぬことは不快なことだし、十字架にかけられることは不名誉だということになります。

（同書、一七九―一八〇頁）

ざっとこんな具合に、信仰から離れて、まったくの世俗権力と化し、贅沢三昧の遊興生活に耽っている教皇批判と揶揄が繰り広げられるのだが、エラスムスの憤激のきわみは、教皇が破門だなんだかんだと権力を乱用し、巨富を積んで一大王国を築いたのみならず、それを維持するために、「剣と火をもって戦い、多くのキリスト教徒の血を流させて」いる(同書、一八一頁)というところにあった。イタリアで眼にした「軍人教皇」ユリウス二世の教皇領拡大を狙った恥知らずな軍事行動が、痴愚女神の口を借りて、舌鋒鋭く、こんなふうに弾劾されているのである。ここにはもはや作者自身が顔を覗かせていると言ってよい。

キリスト教会は血によって建てられ、血によって強固となり、血によって成長してきたのですから、教皇方は、あたかもキリストはもう失せてしまい、御自分のやり方でその民を護る術はないかのように、相もかかわらず剣をふるって事を決しようとしております。戦争はまことに凶悪無慙なものですから、人間よりは野獣にふさわしく、また実に狂気の沙汰ですから、詩人たちもそれを復讐女神《フリアエ》たちから送り込まれたものと語っておりますし、またはなはだしく害毒に満ちたものですから、万人のおこないをただちに堕落腐敗させてしまいますし、常に極悪非道の盗賊が、最もよくこれを遂行するほど不正なものでもあり、信仰とはおよそ無縁なもので、キリストの教えとはなんのかかわりもないことでありますのに、教皇方は、なにもかも放擲してひたすら戦争に邁進している始末です。(同書、一八一—一八二頁)

熱烈な反戦・平和主義者であったエラスムスは、その著作の随所で戦争の愚かしさを叫び、これを推し進める権力者たちを糾弾しているが、ことにもそれが、ペテロの裔であるはずの教皇の主導によって不断におこなわれているのは、キリスト者として断じて赦しがたいことであった。あらゆる暴力を忌み嫌ったこの人物は、「正義のための戦争」というものを認めなかったが、教皇をはじめとする高位聖職者が好んで戦争を惹き起こし、キリスト教徒同士が殺しあう愚を鋭く指摘している。これはもはや諷刺の域を越えた作者その人による教皇批判そのものであり、その不信心に対する激しい指弾と変じているのである。エラスムスの意図が、カトリック体制そのものを覆すところにはなく、腐敗堕落した教会の姿勢を匡すところにあったにせよ、カトリックの中枢部分を、ここまで徹底して仮借なく批判したからには、これが宗教改革の起爆剤となったとしても不思議はない。

教皇批判に続く最後の部分は神学談義・聖書談義で、先にふれたように、痴愚女神を押しのけて作者エラスムスが顔を出し、キリスト教の本質は痴愚に深くかかわるものであることを、諷刺の筆を捨てて、まともな調子で長広舌をふるって語るのである。これはこの作品に構成上の破綻をもたらしているばかりか、諷刺文学としては最も弱い部分で、またキリスト教信仰をもたぬ読者には、余分で退屈なくだりと映る。

結局、このなんともユニークな作品は、博識無双で卓抜な人間観察者としてのエラスムスが、当時の人間社会を冷徹な眼で見つめ、人間というものがいかに愚かな存在で、愚行に明け暮れているかということを、痴愚女神の口を通じておもしろおかしく、しかし同時に辛辣きわまる諷刺によって語らせたものだということになろう。世界はすべて痴愚女神の支配下にあって、それは罪なき人々を幸福にもするが、それ以上に、現実の世界を滑稽にして悲惨な愚者の楽園にもするのである。

エラスムスが眼前にしたものは、そのような愚者の楽園としての当時の社会であった。それは当時のヨーロッパ社会、真のキリスト者から見れば道化にも等しい教皇を頭とする、カトリック体制にほかならなかった。エラスムスはそれを構成する愚者たちの実態を浮き彫りにして、痛烈に揶揄し愚弄し批判して、辛辣な諷刺によって笑いのめしているのである。それがこの作品の眼目だと言える。一読エラスムスがどこまでまじめなのかふざけているのかわからないように見え、陽気な冗談と映るものの中に、恐るべき破壊力を秘めた起爆剤がしかけられていたわけである。その根底にあるのは、彼の奉ずる真のキリスト教信仰とは程遠い、虚偽と虚飾に満ちた現実世界への憤りであって、真のキリスト教社会はかくあってはならぬという、キリスト教人文主義者としての主張であることは間違いない。その意味ではこの作品を貫く諷刺は、苦い笑いを呼び起こすものとならざるを得ないのである。機知と諧謔によるこの小さな作品が、教皇を頂点とする巨大な権力機構や、それにおもねる保守的な人々に危険視され、排撃され禁書とされたのも、それを考えれば理解できる。

エラスムス一流の皮肉な人間観察、痛快な諷刺、よどみない絶妙な語り口――こういったものが、ルネッサンスの古典であるこの小品を、われわれ現代の読者にもなお魅力あるものとしていることは確かで、それを考えれば、一見たわけたものと見えかねないこの小品は、なかなかに奥が深いと言えよう。ルネッサンスが生んだ古典の中でも、そのユニークさで異彩を放つ作品として、一読に値することは確かである。

『対話集』の作者としての貌

『対話集(*Familiarium Colloquiorum opus.* 略して *Colloquia*)』は、「エラスムスの全著作のうち、彼の気質と文体が最も見事に発揮され、その独創性、機知、おだやかな皮肉、絶妙に抑制された文章、宗教上の問題や社会的問題に関する思想の成熟度において、他のすべての著作を凌駕している作品」(プリザーヴド・スミス)とまで絶賛されている傑作であり、文学者エラスムスを知る上では欠かせない重要な作品である。にもかかわらず、エラスムスの代表作と見なされ、ルネッサンス文学の古典として確かな位置を占めている『痴愚神礼讃』に比べると、わが国では知られること少なく、論じられることもあまりない不運な作品でもある。わが国では、近年上梓された金子晴勇氏の『エラスムスの人間学――キリスト教人文主義の巨匠』(知泉書館、二〇一一年)で、そのうちの三篇についてごく簡略に論じられているのが眼につく程度である。なにぶん、最初はラテン語会話の教材として書かれ、一五一八年にわずか一六〇頁の小冊子として刊行された初版以来、増補に増補を重ねて、一五三三年の最終版では、五九篇もの対話を収めた大部の作品となっているから、恐ろしく多彩な内容をもつ、その全篇をわずかな紙数であつかうことは不可能な話である。幸いこの作品は、その中の最大の傑作「魚食い」を含めて、われわれ後世の異国の読者をも惹きつけ得る内容の八篇が、二宮敬氏によって翻訳されており(渡辺一夫編『エラスムス　トマス・モア』(「世界の名著」22)、中央公論社(中公バックス)、一九八〇年所収)、そのすぐれた訳業によってこれを知り、味わい楽しむことができる(邦訳としては、ほかに『天国から締め出されたローマ法王の話』木ノ脇悦郎編訳、新教出版社、二〇一〇年に併載された、「悪魔祓い、あるいは幻影」がある)。ここでは二宮氏による邦訳で読める対話作品に対象をしぼって、作品案内としたい。英・仏語による全訳もあるが、わざわざそういうものを手にする読者は稀であろうし、ましてやラテン語原典でこれに接しようとする奇特な読者は、まずいないであろう。またさような人は、本書の著者による『対話集』への案内など必要としないはずである。

まず全体的なことにふれておくと、エラスムスの膨大な全著作のうち、これほど多く版を重ね、これほど広く読まれ、これほど影響力のあった作品はない。汎ヨーロッパ的なベストセラーとして、エラスムスの生前だけでも実に八七版を重ねており、おもしろい文学作品として読まれたばかりか、絶好のラテン語教本として、四世紀以上もヨーロッパ諸国で広く使用されたのである。一八世紀には一〇〇版を越え、その人気は一九世紀に入っても衰えることはなかった。途方もなく数多くの青年たちが、この書によってラテン語を学び、影響を受けたことになる。ラテン語原典ばかりかさまざまな近代語にも翻訳され、多くの読者を獲得した作品でもある。これが、俗語に訳された聖書に次ぐベストセラーだったと知ったら、驚く読者もいるのではなかろうか。この作品が多くの読者を魅了したのは、「人間百態」とも言うべきその内容もさることながら、エラスムスの流れるような優美で軽やかなラテン語が、魅力の大きな部分であったことは疑いない。と同時に、この作品ほど執拗にカトリック側から攻撃され、非難された作品もない。早くも一五二二年にはルーヴァン大学の宗教審問官で、この後エラスムスを執拗に攻撃したエグモンダヌスが、この作品に異端の嫌疑をかけており、一五二六年には異端の匂いがする危険な書物として、パリ大学神学部によって禁書とされているのである。そればかりか、やがてはルターからさえも、宗教を愚弄し信仰心を揺るがす危険な書物と見られることになった。『痴愚神礼讃』では痴愚女神の口を借りてなされていた諷刺と社会批判が、ここでは形を変えて、複数の人物による対話という形で表現されているからである。そこには桎梏と化したカトリック体制とそれを支える愚かな聖職者たちや、聖職者の無知などへの辛辣な諷刺が見られ、当時の社会全体を覆っていた人間の愚行、無知、狂気、狂信、典礼や儀式の馬鹿馬鹿しさ、聖地巡礼や聖人崇拝や聖遺物崇拝のあほらしさといったものが、対話の形式を借りて、滑稽な笑いのうちに明るみに出されており、作者の社会批判の姿勢が窺える。

もっとも、対話五九篇すべてがそのような諷刺や容赦ない社会批判に終始しているわけではなく、テーマは世俗的なもの、宗教的なもの両方に及び、宗教、倫理、風俗一般、恋愛、結婚、戦争、金銭など、実にさまざまなものが主題となっている。対話の主人公にしても、修道士、廷臣、学生、兵士、主婦、若い娘、巡礼、詐欺師、魚屋、肉屋から、はては乞食に至るまでが登場するというにぎやかさである。その内容も当時の風俗鑑であったり、明るい調子で恋愛生活や夫婦生活の情景を描いたり、清らかな信仰生活の喜びをテーマとしたものもあって、およそ一様ではなく、実に多彩である。敢えて全体を評すれば、この対話形式の作品は、小型版『人間喜劇』とも言うべきもので、『痴愚神礼讃』にもまして、洞察力に富んだ卓抜な人間観察者としてのエラスムスの眼が光っており、人文主義の精神にあふれた、豊かな人間把握を示すものとして、文学者エラスムスの偉才のほどを物語っていると言ってよい。宗教改革の時代を生きたさまざまな人々の生態や心情を映し出した、またとない鏡ともなっているのである。その意味では、文学者エラスムスを知るのに、『痴愚神礼讃』以上に重要な作品だと言っても、決して過言ではなかろう。

先にふれたとおり、この大冊の作品は、元来はエラスムスが自分のラテン語の生徒たちのために、ラテン語での挨拶やきまり文句を教える目的で、教本として書いたものであって、初版はほんの小冊子にすぎず、実用書であって、文学作品とするつもりは毛頭なかったのである。ところが学生が筆記した不完全なノートを、一五一八年友人のレナーヌスがフローベン書店から勝手に出版したところ、これが大当たりを取ったので、驚き憤慨したエラスムスが、みずから筆を執って増補改訂版とし、もはや単なるラテン語会話教本ではなく、彼が愛読していたルキアノスの対話体の作品に倣った文学作品に仕立てて、翌一五一九年にルーヴァンのマルテンス書店から刊行したのであった。エラスムスはこの対話形式の作品を創作するにあたって、プラトンの対話篇やキケロ、アウグスティヌスの対話体の作品などから学んでいるが、最も多くを学び、また範としていたのはルキアノスであった。ユーモアたっぷりで皮肉に満ち、生き生きとした対話を通じて、神々の権威をはじめ、世の迷妄や迷信を痛烈な諷刺で笑い飛ばした無神論者ルキアノスの作風が、エラスムスの『対話集』全体に大きな影響を与えているのが認められる。

『痴愚神礼讃』がほんの一時の気まぐれで、一気呵成に書かれたのに対して、エラスムスはこの作品を重視し、宗教改革の動きに沿って、版を重ねるごとに宗教問題にからむ新たな対話を、それも次第にカトリック体制を揺るがすような辛辣な社会諷刺を盛った作品を加えていったのである。その結果が、今日われわれが手にする実に五九篇もの対話からなる、浩瀚な作品にほかならない。

つまりは、これは作者エラスムスとともに、彼の死の三年前まで成長し続けた作品なのであって、エラスムスの文学の中枢に位置する作品だと言ってもおかしくはない。

二宮氏によって訳出された『対話集』の作品のうち、なんといっても最も重要なものは、五九篇の対話の中で白眉と言ってよい作であり、最も長大な「魚食い」である（エラスムスの宗教思想を知る上でこの「魚食い」に劣らず重要なのは、同じく長大な「宗教的な饗宴（Convivium religiosum）」だが、これは邦訳されていない）。宗教上の問題をめぐって、肉屋と魚屋が派手な口論で神学談義を繰り広げるこの作品については後回しとし、まずは結婚・恋愛をテーマとした四つの対話を一瞥しておこう。いずれも初期の作品で、小品である。訳出されているのは、「恋する青年と乙女」、「結婚をいやがる娘」、「結婚生活」、「青年と娼婦」である。次いで「修道院長と教養のある女性」、「難破」、「カロン」の三篇にも、ざっと眼をやっておくこととする（以下この作品からの引用は、二宮敬訳『対話集』、『エラスムス　トマス・モア』（中公バックス）版による）。

「恋する青年と乙女（Proci et puellae）」（より原語に近く訳せば「求愛者たちと乙女たち」）は、結婚の自由をテーマとしている。美しく利発な乙女マリアと彼女に熱烈に恋する青年パンフィルスが登場し、結婚の是非をめぐって対話しつつ攻防を繰り広げる。マリアにぞっこんのパンフィルスは、結婚への不安やその不幸を挙げて、乙女の純潔を守ろうとするマリアに、ことばのかぎりを尽くして結婚生活の楽しさを説き、ついには見事に口説き落として、二人は愛によって結ばれ、結婚の約束をするのだが、そのやりとりがおもしろい。一見ハッピー・エンドで終わる愉快な作品と見えるが、テーマが男女の自由意志に基く愛情と合意による結婚を肯定したものだけに、当時としては、大きな問題提起であった。二宮敬氏はその訳注で、この作品の背景として、「当時結婚問題が聖職者の独身制批判・修道院制度批判とからんで、思想上の重要問題になっていたことが注目される」(『対話集』、一九三頁)と指摘している。これは、結婚をめぐる当時の社会批判という色彩が濃い作品だと言えるであろう。エラスムス自身は生涯独身を通したが、結婚問題には大きな関心を寄せており、『結婚礼讃』、『キリスト教的結婚教育』、『キリスト教的寡婦論』などの著書をあらわして、結婚は、それが男女の合意による、愛情で結ばれたものであるかぎり、人生の正常な状態であって、人間の生活に幸福をもたらすものであると説いた。この作品でも、パンフィルスの口を借りて、それがはっきりと表明されている。結婚のもつ意味を積極的に主張したエラスムスの結婚観は、当時としてはきわめて先駆的なもので、独身者を最高位に置き、また女性の価値を処女、寡婦、既婚夫人という序列によって定めていた保守的なカトリックにとっては、容認しがたいものであった。独身を通し純潔を守ろうとする少女が、最後には男の求愛を容れて、みずからの意思で結婚を承諾するという話も、保守派の神学者の怒りを買い、「しかし年老いた処女ほど自然から見て怪物的なものがあるだろうか?」(同書、二〇五頁)などということばが、パリ大学神学部によって告発されたのである。

「結婚をいやがる娘(Virgo misogamos)」は、当時の修道士の堕落を糾弾し、修道院制度を大胆に否定した作品として興味深い。ここにも美しくうら若い乙女カタリナと彼女が兄のごとく慕う友人エウブルスが登場し、今度は修道生活や修道院を話題にして、舌戦を繰り広げる。彼女が修道生活への憧れを口にし、修道院入りを熱望していることを告げられたエウブルスは驚いて、修道士や修道女なるものがどれほど無知で恥知らずで、破戒無慚な生活を送り、修道院制度がどれほど信仰生活とは無縁なものか、熱弁をふるって説き聞かせ、カタリナに修道院入りを断念させようと説得するのである。揶揄と諷刺を通じて滑稽で愚かな修道士たちを愚弄し、その生態を告発するエウブルスのことばは、間違いなくエラスムスその人のものである。全篇これ修道院生活への攻撃だと言ってよい。

キリスト教の愛は古代世界の奴隷制をほとんど完全に滅ぼしてしまい、若干の地域にそのなごりが見られるだけだが、こんどは宗教を口実にして新手の奴隷制が発明された。現在大部分の修道院で行なわれているのがそれなんだ。（同書、二二〇頁）

というような過激な修道院制度批判や、修道女のかぶるヴェールや祭式の無意味さを、

こんなものはそれ自体信仰とはなんの関係もないし、魂の清浄だけを嘉されるキリストの目には三文の価値もないのだ。（同書、二二二頁）

と吐き捨てた、エウブルスすなわちエラスムスのことばが、伝統にすがって変革を嫌い、修道院制度や典礼を維持することに汲々としていた保守的なカトリック神学者をどれほど刺激し憤激させたか、容易に想像がつく。エラスムスは対話という形式をとることで真意を曖昧にし、その非難をかわそうとしているが、その意図は明らかである。これがパリ大学神学部に告発されたのも、また当

然かもしれない。

「結婚生活（Coniugium）」は、放蕩者で乱暴な亭主をもった人妻クサンティペとその女友達である夫婦仲の良いエウラリアとの、結婚生活をめぐる対話である。結婚後まもなくして亭主に愛想をつかしているクサンティペに向かって、エウラリアが妻たるものの心得を説き聞かせる。エウラリアは自分の例をはじめとして、さまざまに心を尽くし、専制的だったり不貞をはたらいたりするけしからぬ夫を改心させ、夫婦円満で幸せな結婚生活に至った賢夫人の事例を次々挙げて、ついには夫と別れたがっているクサンティペを見事に説得することに成功するという話であって、諷刺はほとんど見られない。この作品は、「貞女訓」とでも言うべきもので、当時の結婚生活を描いた風俗鑑としての色合いが濃い。諷刺的色彩が乏しいだけに、ややおもしろみには欠けるが、結婚生活の経験がないエラスムスが、さまざまな結婚生活を描く、その人間観察の確かさには驚かされる。

「青年と娼婦（Adolescentis et scorti）」は、ある娼婦が、信仰に目覚めた敬虔な信者の説得によって悔悛し、娼婦の生活を抜け出す決意をするという話であって、道徳的で説教色が濃い。なじみの客ソフロニウスに出会った娼婦ルクレティアは、この青年が以前と打って変わって敬虔な信徒となり、自分との交渉をもとうとせぬばかりか、説教をはじめるのに当惑する。エラスムスが訳した聖書をもってローマへ行き、そこでパウロのことばを読んで迷いから覚め、悔悛して娼婦との縁を断つことにしたソフロニウスは、帰国して出会ったルクレティアを、汚れた生活を捨てるよう説得にかかる。この青年を愛している娼婦は、その真心と熱意に打たれてこれに同意するという話で、中世以来の「娼婦悔悛譚」のひとつと見ることができる。エラスムスはこの作品の筋書きを、ラテン語で書いた一〇世紀の女流劇作家ロスウィータから得たものと見られる。これも道徳話で、諷刺家エラスムスは影をひそめており、われわれ現代の読者に訴えるところは少ない。

われわれ今日の読者が読んでも十分におもしろく、その辛辣で痛快な諷刺に快哉を叫びたくなるのは、ごく短いが傑作と呼ぶに足る「修道院長と教養ある女性(Abbatis et eruditae)」という一篇である。これは、トマス・モアが理想的人文主義教育を施した彼の長女マーガレットを思わせる教養豊かな女性マグダリアと、無学無知で、おまけに厚顔無恥で世俗的快楽に耽っている修道院長アントロニウス(愚鈍の象徴である「驢馬」を意味する)との対話という形をとっている。この両人が繰り広げる対話は、マグダリアの口をついて出る辛辣で小気味のいいことばと、これに応じる愚鈍な修道院長の自己弁護にもならぬ強弁が、見事に対比されている。対話が進むにつれて、理路整然と修道院長をやり込めるマグダリアの聡明さと、それに対抗できない無学な院長の愚かさが露呈し、修道院なるものが実は愚者の楽園であることが明らかにされるのである。教養ある女性の部屋を訪れた修道院長は、そこにギリシア語・ラテン語の蔵書を見て仰天する。この男の考えでは女性に学問は無用で、読書は有用で女性にも教養は必要と主張するマグダリアに対し、

知の道はご婦人がたとは関係ないのじゃ。楽しく生きること、これこそ貴婦人の道なのじゃ。
(同書、二五二頁)

書物は女性《にょしょう》の脳味噌を台なしにいたしまするぞ。もともとたいして持ってはおらぬが。(同書、

二五六頁）

書物に親しむと気が変になるものじゃ。（同頁）

いかなる次第かは存ぜぬが、驢馬の荷鞍が牛には合わぬのと同じく、学識は女性《にょしょう》に合わぬわい。（同書、二五七頁）

などとわめきちらす。暖衣飽食、宴会と金、それに名誉をなによりも愛するこの男は、蔵書ももたず、本なぞ読んだこともなく、知恵がつくと部下の修道士たちが服従しなくなるからという理由で、彼らに読書を禁じてさえもいると、威張りくさって宣言する始末。その無知と愚鈍がマグダリアをあきれ果てさせる。終わりのあたりで彼女が吐く、

昔は、無知な修道院長というのは珍しい鳥でしたけれどね。いまではこれほど月並みなものはありませんわ。（同書、二五八頁）

ということばは、修道院批判として痛烈である。短いが機知に富み、ユーモラスなこの対話は、エラスムスによる修道院制度への批判であると同時に、女性もまた教養を高めるべきだという、彼の女性教育に関する持論が文学化されたものという意味合いももっている。ともあれ一読に値する小

さな傑作であることは保証できる。

『対話集』の中では「魚食い」とともに最もよく知られた一篇であり、その生気あふれる描写によって傑作と呼んでもいいのが、「難破(Naufragium)」と題された作品である。聖母崇拝や聖人崇拝、聖遺物崇拝、死を前にしての告解といったもののあほらしさと無益を揶揄し、愚かなドミニコ会修道士を登場させたこの作品は、聖母に対する不敬な言を弄し、ドミニコ会を侮辱するものとして、やはりパリ大学神学部の告発の対象となった。エラスムスの考える純粋なキリスト教信仰の本質とは無縁の、迷信と化していたカトリックの崇拝形式への批判と諷刺が、全体を貫いていることは明らかである。

対話の内容は、どこの海かはわからぬが航海に出たアドルフスが、乗船が大時化《おおしけ》に遭って難破し、船客のほとんどが溺れ死んだという恐ろしい体験を、つぶさに語り聞かせるという形をとっている。この話は、一五一七年にエラスムス自身が体験した、乗船がブーローニュの沖合いで岩礁に激突し、九死に一生を得たという事実が反映しているものと見られる。アドルフスは、嵐で船が破壊され、いよいよお陀仏かという事態に直面した、水夫や船客たちが、さまざまなものに祈って命助かろうとしたありさまを、嘲笑いつつ物語る。昔の海の守護神ウェヌスにとって代わった聖母マリアにお助けを懇願する水夫たちあり、十字架の切れ端に向かって奉納を約束する者あり、聖人の石像に大蠟燭を奉納することを約束する者あり、巡礼の旅に出ることを誓う者ありといった具合で、その滑稽かつ悲惨な様子が、実に生き生きと描写されている。その甲斐もなくみんな海の藻屑と消えて、五八人のうち助かったのは、直接父なる神に祈ったアドルフスや乳飲み子を抱えた婦人などわずか七人のみ、ドミニコ会士に告解し救命艇に乗った連中も艇が転覆してお陀仏。という次第で、聖母だの聖人だの聖遺物だのに祈ることも、巡礼の旅も、結局はなんの役にも立たぬことを、そういう行為の愚劣さを笑いつつ語ってみせたのが、この作品なのである。ここには、人はそういった迷信によっては救われず、ただ神そのものに真摯に祈ることによってのみ、救いを得ることができるとの、エラスムスの信仰観が打ち出されている。聖母崇拝さえも否定するエラスムスの大胆なキリスト教観が、カトリック側をいたく刺激したのは当然の成り行きでもあった。

一五二六年の増補新版に新たに登場した「カロン(Charon)」は、これと同じタイトルをもつルキアノスの対話体の作品に倣った小品であるが、テーマは大きく異なっている。冥府の三途の川の渡し守カロンと、その知己であるアラストールとの対話からなるこの作品のテーマは、戦争の悪と宗教上の抗争の愚を告発するところにある。当時はイタリアでの覇権をめぐって、カール五世、フランソワ一世、ヘンリー八世、それにローマ教皇が戦いを繰り返し、ヨーロッパは戦火に包まれていた。心底からの平和主義者であるエラスムスは、カロンとアラストールの対話という形式を通じて、無益な争いに血を流し、いたずらに亡者を増やすばかりの列強間の戦争の悪を指摘し、それに積極的に加担している聖職者たちを嘲笑い、キリスト教徒同士が互いに抗争する愚かしさを、皮肉たっぷりの滑稽な調子の中にも、実に手厳しく指弾しているのが見られる。エラスムスが当時カール五世の名誉顧問官の任にあったことを考えれば、いかにも勇気ある大胆な作品であって、彼が世にそう見られているような怯懦な人物ではなく、戦争や暴力的抗争を呪詛する固い信念を抱いていたことを示していると言ってよい。カロンの吐く、地球上の三人の大君主が憎み合って、お互いの破滅目ざして突進しているんだそうな。キリスト教を奉ずる地方で戦争の嵐をまぬがれている所は一つもない。この三人が残りすべてを軍事同盟に引きずりこんだからだ。〔…〕おまけに意見の対立から生まれた新種の悪疫〔宗教改革に伴う抗争を言う〕が、あらゆるひとの心を冒したために、誠実な友愛というものが影も形もなくなってしまって、兄は弟を疑い、妻は夫としっくりゆかないというありさま。もしもこの戦いが舌やペンから腕力の戦いに移ったら、人間の大々的破滅が近い将来に起こると期待してよかろうて。（同書、二七四頁）

というせりふは、戦争の惨禍を憂い、次第に流血を呼ぶ暴力的なものへと発展しつつあった、宗教改革の動きを懼れる、エラスムスの嗟嘆の声にほかならない。対話の中には作者エラスムス自身が「ポリュグラフス」（多作家）という名で顔を出し、カロンに、

上の世界にはポリュグラフスとかいう男がいて、絶えずそのペンで戦争を批判し、平和の回復を呼びかけているんだそうな。（同頁）

と言わせている箇所もある。この小品は、エラスムスが『平和の訴え』や『戦争は体験しない者にこそ快し』といった、熱烈な反戦・平和主義者としての告発や提唱を、諷刺作品という形で表現し

たもので、時事的色彩が濃いと同時に、戦争や狂信の愚を告発した文学として、普遍性と永続性をも併せもつ作品として、記憶に値しよう。

さて最後に長大であるばかりか、内容も最も充実し、対話体の作品の作者としてエラスムスの文才が縦横無尽に発揮されている「魚食い」(原題はギリシア語で“Ἰχθυοφαγία”)について、少しばかり検討してみよう。テーマが宗教的戒律や神学談義であるだけに、われわれ日本の読者には縁遠い話ではあるが、肉屋と魚屋が威勢よくやりあう、その掛け合いがおもしろいのである。エラスムスの悪達者なまでのラテン語はこの長編において躍動しているが、二宮氏の邦訳もそれをよく伝えていて、生気あふれる日本語でこれを味わえる読者は、まことに幸いである。長大な作品なので要約は不可能だが、そのテーマや性格、魅力などについて簡略に素描し、作品への誘いとしたい。

一五二六年、すなわちエラスムスが反ルターの立場を明らかにした『自由意志論』をあらわし、ルターがこれに対して『奴隷意志論』をあらわし、エラスムスが重ねて『ルターの奴隷意志論への反駁』をあらわすという形で、すでに両人の決定的な対立が明白なものとなってから後に、新たに『対話集』に加えられたのが、この重要な作品である。もっとも、重要だとは言っても、それはあくまで文学者エラスムスを知るために重要なのであり、かつまた当時のカトリック体制に揺さぶりをかけた作品であったという意味で重要なのである。非キリスト教文化圏に生き、キリスト教、それもカトリックが定めていた戒律などに疎いわれわれ日本の読者にとっては、肉屋と魚屋がいずれ劣らぬ達者な弁舌をふるって展開する神学談義はあまり意味をもたず、ぴんとこないであろう。ここで論じられている問題は、宗教改革の時代には激しい論争を呼んだが、現代ではその意味を失っているからである。

エラスムスの代弁者である肉屋と魚屋が、豊富な聖書の知識を背景に、陽気に威勢よく闘わせる神学論争はわれわれを当惑させる体のものである。だが、われわれはその論点にこだわることなく、諷刺作家エラスムスがその文才を発揮し、存分に筆をふるって描き出す、戯画化された聖職者たちの人間像や堕落した風俗、当時のキリスト教信仰の馬鹿げた実態を眺め楽しめばよい。それが日本人の読み方というものかと思われる。肉屋や魚屋にしては馬鹿に博学で、信仰問題や神学にまで詳しい二人の男が、達者な弁舌をふるって丁々発止とわたりあう、その皮肉で機知に富んだ応酬が見どころである。われわれには神学談義などはどうでもいいが、ぴりっとした機知縦横のやりとりが、この作品の最大の魅力であることは間違いない。

この長大な作品は、テーマ、内容から言えば宗教的なものであり、主要な論点はキリスト教徒に許される自由の問題である。それはカトリックの戒律として定められた大小斎(断食)にはじまり、進んでは律法の問題や人間の法と神の法といった神学談義や聖書の解釈にまで及んでいる。もはやルター派からは敵視される立場にあり、激しい攻撃を浴びていたにもかかわらず、全体として見るとこの作品は、カトリック教会の定めたさまざまな戒律などには懐疑的、というよりは否定的であり、信仰生活における自由を主張していて、反教権的な立場で貫かれていると言える。それだけにこれは、保守的なカトリックの側からひときわ激しい攻撃や非難を浴びることともなった、いわくつきの作品でもある。エラスムスの作品に眼を光らせ検閲の姿勢を強めていた、ノエル・ベダを頭とするパリ大学神学部が、反カトリック的で異端の匂いがする危険な書物として、重ねてこの対話作品を収めた『対話集』を禁書としたのには、そのような理由があったのである。

さて対話は、まずは肉屋が魚屋に向かって意気揚々と、ローマのお偉方が大小斎の掟を改め、肉食禁断の戒めを解いて、今後は誰でも好きなものを食ってもさしつかえなし、と決めたことを告げることからはじまる(これは魚屋を驚かせようとしての冗談であることを、肉屋はあとで白状する)。以下二宮氏の達者な訳文では、まるで漫才か落語でも聞くかのような、肉屋と魚屋の威勢のいい罵詈雑言の投げつけあいが続く。肉屋と魚屋は、互いにそれぞれ相手の商っているものが不潔だとけなしあい、罵りあう。このあたりは庶民生活の活写として、エラスムスのドラマティックな才気が存分に発揮されていて、彼がルキアノスばかりか、ローマ喜劇からも学んでいたことを思わせる。

その後、肉屋は突然、「ときどき翻訳で読んでいる」という聖書の知識の披露をおっぱじめる。旧約や新約を自在に引用する肉屋の博識はあきれるばかりだが、これはエラスムスの隠れた顔でもあるから、いたしかたない。これに応じる魚屋がまた肉屋に劣らぬ神学者であって、やがて話題は、ユダヤ教とキリスト教の律法や戒律に関する七面倒な論争へと移っていく。その過程で肉屋が口にする、

衣類にしたって、麻と毛以外ならなにを着ようと勝手だった。それがいまじゃどうだい? 洋服の形や色が、うんざりするほど規定されたり禁止されたりしているばかりか、頭の剃りかたまでごていねいにつけ加えられちまったぜ。告解の重しや人間がでっちあげた規則の重荷や、七面倒臭い十分の一税や、いよいよ窮屈な制限で締めつけられた婚姻関係や、新奇な親族法や、

そのほかおれたちの境遇よりユダヤ人のほうがよほど楽だったように思えるあれこれのこと。いやはやこいつは言わぬが花か！　（同書、二九四頁）

といったせりふには、信仰が形式化したカトリック社会への批判がありありと窺われ、この作品を書いたエラスムスの意図が透けて見えるのである。同じ肉屋が慨嘆して洩らす、

ところがおれの見聞によると、居場所や衣装や食物や断食や身ぶりや歌に、信心の最高の価値をおく連中がおおぜいいるんだな。こういう連中は福音書の教えにそむいて、隣人まで同じ基準で裁いている。そこでどういうことになるかと言えば、すべてが信仰と愛の名のもとに行なわれるくせに、当の信仰と愛とはいまあげたような迷信のために息絶えるしまつ。まったくこんな外面的な行ないを信用するやつは、福音信仰とは縁もゆかりもないんだし、だれもが自由に選べるはずの飲み食いを種に、キリストがその自由のために命を捨てた兄弟をいらだたせるやつだって、キリスト教の愛とはまるっきり縁遠いのだからなあ。（同書、二九六頁）

といったことばにも、典礼だの祭式だのなんだのという外面にのみとらわれ、福音書の精神から遠く離れてしまったカトリックに対する、エラスムスの不信の念と痛烈な批判精神が容易に読み取れる。かような大胆な批判が、ベダを頭目とするパリ大学神学部の攻撃を招いたのである。

二人の話題はさらに、ヨーロッパの制覇を狙う皇帝カール五世とフランソワ一世との戦争に及び、

それに対する批判と、魚屋の口を借りてエラスムスの和平への提議がなされる。そこから話題は教皇の権限へと移って、教皇権と公会議のもつ権限などが論じられ、次いで人間の法と神の法の権限や優越性をめぐっての丁々発止のやりとりが、長々と繰り広げられる。このあたりはわれわれ日本人には縁遠い話題ながら、生気あふれるぴりっとしたことばのやりとりが、不思議と退屈を感じさせないのはさすがである。この中にあらわれる、肉屋の口から飛び出した、

そりゃそうと、二十歳《はたち》にもならない少年や単純な少女が、親のおどしや後見人の冷たい仕打ちや、修道士連中の腹黒い扇動や、おためごかしや憎しみなどから、修道院に放りこまれた場合、彼らの誓願は自由なものと言えるかねえ？（同書、三一三頁）

という疑問のことばには、不本意にも修道院に入れられたエラスムス自身の苦い体験がにじみ出ていることは疑いない。この男は洗礼は認めても、修道誓願などの価値には否定的であった。肉屋が語る、時代の変化に応じて、人間の法は改革されるべきだとの主張は、「神の名において」それを維持しようとする体制側には都合の悪いものであり、これまたベダらの告発するところとなった。話の中で、福音を信じない不信心者ばかりの世を嘆く魚屋に、神学者先生にお伺いを立てることを肉屋が勧め、それは誰かと問う相手に、エラスムスに敵対的な神学者が、次々と滑稽な渾名をつけられて登場してはコケにされ、彼の尊敬する友人カピトのみが称揚されているのはおもしろい。エラスムスはここで論敵どもをこきおろして、大いに溜飲を下げているのだが、これまた保守派の憎

しみを買うことになったのは頷ける。この後、

魚屋　〔…〕外面的な儀礼をやたらと信用し、これによりかかって、ほんとうの信仰心をいい加減にしている連中が、わんさと目につくぜ。〔…〕

肉屋　〔…〕司祭が髪を長く伸ばしたり、町人の服装をしたりすれば、獄舎に放りこまれて厳罰をくだされるな。ところがその司祭が、色街で酔いつぶれたり、白拍子に入れあげたり、丁半のかけごとに血道をあげたり、他人の女房を誘惑したり、ついぞ聖書を開いたことがなかったりしても、りっぱに教会の柱で通るわけだ。（同書、三二四頁）

というやりとりにはじまる、形式だけを重んじて、肝腎な信仰心の薄い聖職者への批判が長々と続く。祈禱の法式だの断食だの修道衣の違いだのといった外面だけにこだわり、信仰心もどこへやら、淫楽と遊蕩に耽る堕落した修道院長や修道士、修道女が、次々と槍玉に上げられる。それでいながら、教会の定めた断食や禁止事項に少しでもふれると大騒ぎして厳罰に処すという、その馬鹿馬鹿しさが暴かれていくのである。このあたりは『デカメロン』にも似たところがあって、聖職者たちの戯画化された姿が実におもしろい。ここでもエラスムスの諷刺の筆は一向にやわらぐことなく、カトリック体制の病弊を衝いているが、この姿勢が、獅子身中の虫としてエラスムスを憎悪する、保守派の怒りを増したことは言うまでもない。はじめは論争していた肉屋と魚屋は、いつの間にか意見が一致して、肉体や生命を危険にさらしてまで、大小斎（断食）や肉食禁止を厳格に守ることの

馬鹿らしさを指摘するようになっているのである。

この作品で興味を惹くことのひとつは、若き日にモンテーギュ学寮に寄宿していたと称する魚屋が(そんな男が魚屋であるはずはないが)、そこでおこなわれている過酷な教育の実態を告発し、有為の青年の未来を台無しにするものとして、容赦ない批判を浴びせていることである。過酷な、というよりも残酷な教育で悪名高いモンテーギュ学寮は、ラブレーによっても揶揄批判されているが、エラスムスはかつてそこを逃げ出した経験があるだけに、その批判は一段と鋭いものがある。学寮長スタンドンクの教育方針で、不衛生そのものの寮で冷たく固い寝床に寝かされ、肉食を禁じられ、パンの切れ端と腐った卵を喰わされ、腐った水と腐った葡萄酒を飲まされた挙句、健康と精神を損なって、死んだり重病に陥った哀れな学生たちの悲惨な生活が語られる。エラスムスが魚屋に言わせている、

おれはなにも、あの学寮に含むところがあってこんなことを話してるんじゃない。未経験でどうにでもなる若い者を、宗教の仮面をかぶって台なしにしてしまう人間の残酷さというもの、これにたいして警告するには、話しておくべきだと判断したからなんだ。(同書、三四一頁)

というせりふは、エラスムスの、当時の教育に対する手厳しい批判として傾聴に値する。この発言には、スタンドンクのあとを継いでモンテーギュ学寮長となり、これをさらにリゴリスティックな教育の場とした、論敵ベダへのあてつけもあったものと解される。

キリスト教信仰のあり方をめぐるこの対話は、最後にはまたしても愚かな修道士を揶揄愚弄することで終わっている。些細な宗教儀礼や外面だけに異常なまでにこだわり、大騒ぎをするくせに、真の信仰心は一片ももたず、放蕩や賭博や泥酔の日々を送っている、堕落しきった修道士たちの実態が戯画化され、グロテスクな存在として語られているのである。

魚屋　〔…〕彼らは頭巾と外套さえ身につけていれば、ベネディクトゥスのお気に召すと信じこんでるんだな。（同書、三四六頁）

肉屋　キリストそのものよりも、聖母やクリストフォルス上人を信用している連中が、いやはや、なんとまあ多いこった！　聖母には聖画像やら蠟燭やら讃歌やらを献げて崇めたてまつり、キリストのほうは自分の穢れた生活態度で徹底的に冒瀆しているぜ。（同書、三四五頁）

肉屋　〔…〕聖霊の導きがなければ正しく理解することも有益に教えることもできない聖書、その聖書を壇上から説明する役目の連中が、キリストご自身やキリストの霊よりも、聖母のご加護を祈っているんだぜ！　連中が賞《ほ》むべきものと呼んでいるこの習慣に、あえて批判がましいことをつぶやこうものなら、たちまち異端の嫌疑が降りかかる始末！（同書、三四六頁）

というような、カトリック信仰の実態を、真っ向から否定する発言が、パリ大学神学部をはじめとする守旧派のカトリックの権威筋から、どれほど睨まれ、攻撃の対象となったかは言うも愚かである。カトリック側としては、否定しがたい事実を突きつけられ、痛いところを衝かれたのであった。一五二六年この「魚食い」を新たに加えた『対話集』の増補新版が出ると、ベダの策動によってパリ大学神学部がエラスムスを異端として告発し、禁書としたのも、必然の成り行きであったろう。エラスムスは作者の責任を曖昧にするため、敢えて対話形式を用いて尻尾をつかませまいとしたが、その真意は明白である。滑稽で辛辣な諷刺という形をとったこの一篇はいかにも喜劇的なものと映るが、カトリック信仰の根幹を揺るがすような、深刻な問題があつかわれている重要な作品であり、おそらくはエラスムス会心の作でもあったに相違ない。その意味でも、この一篇は重い意味をもつ。

以上、邦訳で読める八篇にかぎって、『対話集』の世界を一瞥した。見たとおり、『対話集』は『痴愚神礼讃』にもまして、文学者エラスムスの真面目がよく窺える作品であるから、われわれはこれで文学者・諷刺作家エラスムスの横顔を覗き見たことにはなるだろう。

退屈な詩人エラスムス

さて、諷刺作家、ルキアノス風『対話集』の作者としてのエラスムスの貌を窺い見たところで、散文から眼を転じて、ルネッサンスのラテン語詩人の一人としてのエラスムスの横顔も、ちらりと覗く程度のことはしておきたい。これは、従来わが国ではまったく知られていないエラスムスの貌であり、この人文主義者が一応は詩人であったことすらも、知る人は少ない。数少ないルネッサンス文学の専門家をも含めて、わが国ではこういうものに興味をもつ読者は、ほとんどいないとも思われる。江戸漢詩の研究家や江戸思想史の専門家を別とすれば、今日では、江戸の儒者の詩たとえば荻生徂徠や伊藤仁斎の漢詩を、文学として読む人がまずいないのと同じことである。詩人エラスムスの作品の一端を覗き見る前に、ルネッサンス・ラテン詩というわが国ではなじみの薄い文学について、一言しておく。さようなものがあったのかと驚く読者がいるかもしれないからである。これまでわが国で出ているヨーロッパ文学史には、この類の文学はほとんど登場することがなく、これもやはり「谷間」にあって埋没し、顧みられることのない日陰の文学となってしまったと言うほかない。

周知のように、江戸時代までわが国でも詩人と言えば、漢詩人を指したものである。ヨーロッパでもそれにやや似た状況があって、中世においても、『ベーオウルフ』をはじめ、南仏のトルゥバドゥールの詩、ドイツのミンネザンク、古仏語による詩などの俗語詩と並んで、ラテン語詩が大いに栄えた。いわゆる中世ラテン詩であって、俗語詩よりも高尚な、より文学的な価値があるものとされ、ラテン語詩人たちが名声を博していた。その後ルネッサンスに入って俗語文学が確立し、ダンテやペトラルカなどのイタリア語詩あるいはフランスのプレイヤード派の詩人たちの作品に見るように、俗語詩の傑作が数多く作られるようになったのは、文学史が教えるところである。にもかかわらずラテン語詩は一向に衰えることなく、詩人たちは中世よりも一段と洗練されたラテン語によって、あるいは俗語とラテン語の双方を用いて、活発な詩作活動を展開していた。しばしば誤解されているように、俗語文学の確立とともに、ルネッサンス以後のヨーロッパでラテン語文学が死に絶えたわけではない。俗語あるいは近代語による作詩と並んで、ラテン語による詩作活動はその後もずっと続いており、一五世紀のアンジェロ・ポリツィアーノや一六世紀のジョアシャン・デュ・ベレーや一七世紀のミルトンのように、俗語とラテン語の両方で詩作して、詩名が高かった詩人もいたのである。偶々近代に入ってからヨーロッパでもラテン語教育が衰退したので、そういうものを読む人が専門家以外にはいなくなり、次第に忘れられたというだけの話である。

ともあれ、ルネッサンス期におけるラテン語詩の比重は、われわれが想像している以上に大きかったことは事実で、これを軽視してはならないと思う。わが国のヨーロッパ文学の専門家たちは、ヨーロッパの文学を言語別、国別に分けてその研究のみに専念している場合が多いので、中世ラテン詩やルネッサンス・ラテン詩のように国や言語を越えてヨーロッパ全体に広がっていた文学は、その眼から洩れてしまうのである。先に述べたとおり、これがまさにエラスムスが閑却されてきた理由でもあった。そう考えると、当時占めていた大きさや比重の割合には、中世ラテン文学やルネッサンスのラテン文学は顧みられることもない、いわば「不運な」文学だと言えるかもしれない。

さてようやく詩人としてのエラスムスだが、ルネッサンスの巨星であり一六世紀のヨーロッパの知的世界に君臨したこの「人文主義の王者」は、これまでにも繰り返し述べたとおり、一六世紀きってのラテン語の達人であった。フランスで生まれながら、生まれ落ちるなりラテン語で育てられたモンテーニュなどとは違って、オランダ人エラスムスは学校でラテン語を習得したのである。エラスムスの場合、散文に関するかぎりその自然な、流麗で自由闊達な文体は、いささかも苦渋の跡をとどめず、見事なものである。『痴愚神礼讃』などは、ほとんど悪達者と言ってよいほどである。

ではそのラテン語の達人エラスムスはどんな詩を書き、詩人としてはどの程度の存在だったのであろうか。

第Ⅰ部で見たとおり、パリへ出たエラスムスが、最初に世に送った作品はラテン語詩であって、これにより限られた人々の間ではあるが一応詩人と認められたのであった。イギリスへ渡ってコレットを識り、「回心」にも等しい経験を経て古典学から神学・聖書学へと転換を図ったから、彼が詩人として活躍したのは、比較的若い頃ということになる。本書の著者が覗き見たエラスムスの詩は、手許にあるエラスムス選集に収められているもののみであって、摘読したにすぎない。そのかぎりで言えば、宗教的なものを主題としている詩などは、キリスト教信仰をもたぬ身には、詩としては世にも退屈なものと映るのである。

第Ⅱ部の冒頭で、エラスムスが一応は詩人であったと述べたが、彼の詩はA・ペロサ＝J・スパロー編の *Renaissance Latin verse: An Anthology* (compiled and edited by Alessandro Perosa and John Sparrow, University of North Carolina Press, 1979) や、P・ローランス編の二巻からなる浩瀚な *Musae Reduces: Anthologie de la poésie latine dans l'Europe de la Renaissance* (textes choisis, présentés et traduits par Pierre Laurens, avec la collaboration de Claudie Balavoine, E.J. Brill, 1975) といった、ルネッサンス・ラテン詩のアンソロジーにはほんの少数収められてはいるものの、より傑作のみに収録作品数をしぼりこんだガリマール社の Poésie（ポエジ）叢書には収められてはいない。つまりは、ラテン語詩人としては、やはり一流というよりは二流ないしは一・五流としてしか認められていないのである。その点で、詩人エラスムスは、江戸の超有名人で、エラスムスなみの多作家としてあらゆる方面に筆をふるった文人である蜀山人大田南畝を想起させずにはおかない。南畝はその生涯において一八〇〇首を越える漢詩を作っているが、岩波書店版一〇巻の『江戸詩人選集』（一九九〇―九三年）にも五巻の『江戸漢詩選』（一九九五―九六年）にも、研文出版版の一八巻の『日本漢詩人選集』（一九九八年―）にも、その作品は入っていないのである。つまりは、全体としては確かに大きな文人だが、詩人としては一流とは言えないということである。エラスムスもまた同じようなものかと思われる。一流たり得なかった詩人エラスムスの作品のごく一部分だけを、次に掲げてみよう。拙訳のほかにラテン語の原詩をも併せ掲げるのは、拙訳によってのみエラスムスの詩の詩的価値を判断されるのは公平を欠く懼れがあるからであり、またこの詩人のラテン語詩などは、その著作集でもひもとかないかぎり、眼にする機会がなかろうと思われるからである。

まずはステインの修道院に修練士として入った一八歳頃の作品と推定されている、比較的短い詩をとりあげよう。「悲嘆あふれる嘆き」とでも訳すほかない、“Querula doloris”と題された詩である。

Qum nondum albenti surgant mihi verticecani,
　Candeat aut pilis frons viduata suis,
Lumnibus hebetet aciem numerosior,
　Aut dens aqualenti decidat,
Atque actuant rigidae nondum mihi brachia setate, aut

Pendeat arenti corpore laxa cutis,
Denique nulla meae videam argumenta senectae,
Nescio quid misero sorsque deusque parent.
Me mala ferre senenum esse volunt sub annis,
Iamque senem esse volunt, nec senuisse sinunt.
Iamque quae canice spergant mea tempora tristi
Praecunere diem dolorque suum.

わが頭は未だ白からずして白髪も生ぜず、
髪を失いて額の光りかがやくことなく、
寄る年波にもの見る力弱ることなく、
薄汚れた口元より黒ずみたる歯も落ちず、
未だ剛毛がわが腕を覆うことなく、
干乾びたる体にたるめる皮膚の垂るることなく、
老いたる兆候はいささかも眼には入らざれど、
運命と神とは、なにごとかを哀れなるこの身に下せり。
未だ年若くして老いの日々のもろもろの不幸を舐めさせ、
はや老骨たらしめんとし、時とともに老いるを許さず。

わが鬢《びん》は、はやちらほらと哀しき白きもの生え初めんとし、
積もれる心労と苦悩とは、運命に先んじてこの身に来たれり。

訳詩の拙さはお許しいただくとしても、一八歳の青年の詩にしてはなんとも爺むさく、詩的興趣に乏しい作であることは否めない。中世の"puer senex"(老人のごとき少年)とは言わぬまでも、エラスムスは早熟で老成した男であったが、それにしても二〇歳にもならぬうちに、このような詩を作っているのには驚かされる。不本意ながら修道院に入ることとなったことが、このような悲観的な内容の詩を書かせたのかもしれないが、多分に観念性が目立つ。実感も抒情性も乏しく、修辞学によってかろうじて支えられているような作である。この人物が遺した膨大な書簡は、彼が若き日から自分を幸福だと感ずることが少なかったことを物語っているが、ここに見た詩も、その予兆を示すものだと言ってよい。ラテン語の達人になりつつあった青年の作であるだけに、古典ラテン詩の作法にかなってはいるものの、所詮は作り物との印象が強く、あたかもわが国の古文辞学派儒者が作った擬唐詩を読まされているようなものである。ここに豊かな詩心の発露を見ることは、少なくとも訳者にはできない。

次いで掲げるのは、老いの到来を嘆じた詩"De senectute carmen"(老年についての歌)の一節である。エラスムスという男は早くから自分を老人と感じていたようで、三五歳にしてもう老いを自覚しているのである。平均寿命が二五歳の時代の人であるから、それも不思議ではないが、次の詩にしても、まだ不惑にも達しないときの作だということは言っておこう。ルネッサンス・ラテン詩の

例に洩れず、エラスムスの詩も長たらしいものが多い。この詩にしても二四六行もある長い詩であるから、掲げるのは、訳詩で読んでもなおかろうじて我慢ができるかと思われる程度、つまりは三四行ほどにとどめるが、これでもまだ長すぎると思われよう。紙幅の都合で、こちらは原詩を併せ掲げることはしない。

いまやわが両の鬢には白きものちらほらとまじえ
　わが頤《おとがい》のあたりも白髪を生じそめぬ。
うるわしき青春の日々は過ぎ去り、
　わが生すでに下りにさしかかりて、
冬来たりて、冷え冷えとした老の日々の到来を告げいたり。
ああ、はかなき生よ、嗚呼
人生のよりうるわしき日々は、足早に過ぎゆくなり、
　うつろいやすき歳月よ
花の盛りはあまりにも短く、これを伸ぶること如何とも術なし。
　うら若き青春の若葉の如き日々よ、
うるわしき歳月、ああ人生の幸福あふれる季節よ、おんみらは
　おんみらは密かにわが身より消え失せぬ。
わが眼を欺きてこっそりと逃れゆく鳥のごと、

ひそかに飛び去りゆきぬ、嗚呼
波逆巻く河の流れとても、緑なす岸辺を過ぎゆくこと
かくのごと急ならず。
中空に漂う雲の、乾ける東風に散らさるるも、
かくのごと迅速ならず。
かくぞ、かくぞ静まりたる夜の茫漠たる夢は消え行く、
眠りの飛び去り行くにつれて。
夢こそは欲望と虚しき悲哀のほかは、
何とても後には残さぬものを。
ほのかにかかれる紅の色にそまりたる薔薇とてもおなじ、
やさしく吹く南風になぶられて色褪せる。
あわれ、われもまたかくぞある、胡桃もてあそびし幼子なりし、
学問への情熱に胸焦がす若者なりせば
学の道に励みたもう博士らの論戦わすさまを注視し、
修辞学徒の華麗なることばと
甘美なる詩の創り出せしものに心奪われて、
三段論法を編みなせり。
実体なき形に描き出さんと思惟したり、

世のなべての著者を
貪ることに励み、怠らずしてその華を摘みとりぬ、
マティナの蜜蜂のごとく。

文字通りの拙訳で、これをもってただちにエラスムスの詩的価値を判断していただくわけにはいかないが、それを差し引いても、どんなことをうたっているかということだけは、おわかりいただけたかと思う。人の世の移ろいやすさ、時の過ぎゆく速さをうたい、老年の到来を嘆いた詩であって、詩想としては伝統的なもので、陳腐とは言わないまでも、特に新味はない。先の詩に比べれば、やたらに比喩を多用した修辞たっぷりの詩であるから、その意味ではルネッサンス・ラテン詩らしい作品だとも言えよう。エラスムスはあまり典故つまり“classical allusion”は用いないが、やはり修辞過多で、詩的感興には乏しいように、訳者には思われる。ご覧のとおり、ここで引いた終わりの部分は、自分の若き日の研学の跡を振り返っている。ここには、モンテーギュ学寮で過ごした過酷な日々への回想が織り込まれているかもしれない。こんな調子の修辞学の匂いのする詩を、三〇〇行も読むのは、正直言って苦痛以外のなにものでもない。エラスムスが若い頃詩人としてある程度名を知られるまでになったのは、やはりそのラテン語の巧みさによるところが大きいと思われる。かような詩を、『痴愚神礼讃』でエラスムス自身が笑いものにしている文法学者の、「血の気の全然通っていない、世にも馬鹿らしいヘボ詩(frigidissimos et insultissimos versiculos)」とまで言うのは、詩人でもあったこの大碩学に対してあまりにも礼を失することになろうが、ともかく退屈な詩であ

ることは確かだ。

先にも言ったとおり、エラスムスの詩は、大田南畝の漢詩や、詩人というよりも経学を本領とする儒者の詩に似ているような印象を受ける。つまり生来の詩人の作というよりは、学殖、学識の産物であって、抒情性に乏しく、純粋に詩としてこれを読む喜びというものは生じにくいのである。やはり詩人としては、二流の存在ではないかと著者の眼には映る。文学評価の基準は時代によって異なるから、エラスムスの時代には、ラテン語の腕前を見せたこの類の詩がそれなりに評価されたのかとも思われる。エラスムスはいかにも才気煥発な文学者ではあったが、彼自身「散文に近い詩に最も詩的なものを感じる」と言っているように、詩的というよりは散文的精神の持主だったということであろう。エラスムスに深い理解を示したジョルジュ・デュアメルは詩人としてのエラスムスについてこう言っている。「エラスムスは詩人ではなかつた。彼は、詩人と全く正反対な人物でさへある。物を拡大したり、或は変貌させたりする力は全く持つてゐなかつた。物をはつきりと、恐ろしい程はつきりと見る人だつた。在るものをしか見ない人だつたのである。ところで、詩人とは、目に見へぬものを見る資質に恵まれてゐる人間なのだ」(ジョルジュ・デュアメル『文学の宿命』渡辺一夫訳、創元社、一九四〇年、五四頁)。

第二章　古典学者

エラスムスの古典研究

本章では古典学者としてのエラスムスの活動、業績をざっと眺めわたし、その輪郭をごく簡略に紹介しておきたい。ごくおおまかな概観ではあるが、古典学者としてのエラスムスの活動の軌跡をたどることによって、わが国ではいまだ知られざるエラスムスのひとつの相貌を、なにほどかは浮かび上がらせることになろうかと思う。

エラスムス生涯最大の業績は、なんといっても一五一六年に初版が刊行された『校訂版　新約聖書』である。この大碩学がその後半生に全力を傾注し、心血をそそいで完成させたこの大事業は、その後のキリスト教学、聖書学の進展によって、今では歴史的意義しか認められなくなったものの、この分野における画期的なものであったことは、万人の知るところとなっている。それに並行する形でなされ、エラスムスが情熱を傾けた、ヒエロニュムス、アンブロシウス、バシレイオスその他のギリシア教父たちの著作集の校訂と出版もまた、彼の成し遂げた仕事の中で大きな位置を占めていることは言うまでもない。長年のカトリック教会の桎梏とスコラ神学によって歪められてきたキリスト教を、原初の純粋な信仰へと帰すことを生涯の目標としていたエラスムスは、生涯の後半の大部分を、この方面の仕事の完成に傾注している。それゆえ、同じ人文主義者であっても、記念碑的な大著『ギリシア語考(*Commentarii Linguae Graecae*)』、『古代貨幣考(*De Asse*)』のような著作をなし、キリスト教以前の純然たる古典古代の文化研究において多大な業績を上げたギヨーム・ビュデなどとは、古典学者としての活躍の場がおのずと異なったものとなったのもまた当然のことであった。古典研究とキリスト教を融和・統合させた、いわゆる「キリスト教人文主義(humanismus Christianus)」の立場に立つエラスムスが生んだ最大の成果は、やはりギリシア語原典による聖書研究なのである。キリスト教を離れた異教世界の産物であるギリシア・ローマ古典研究の領域において、エラスムスが遺した事績は、キリスト教学、聖書学におけるほど大きなものではないことは事実であろう。ギリシア・ローマの教父たちの著作を含む広い広い意味での古典研究におけるエラスムスの役割を窺うとなれば、その聖書研究に重きを置いて考えねばならぬことは、言を俟たない。だがこれから著者が問題にし、その一端を垣間見ようとしているのは、エラスムスの成し遂げた事績の非宗教的な方面、つまりキリスト教学、神学、聖書学以外の分野における、古典学者としてのエラスムスであるから、キリスト教学、聖書学にかかわるこれらの目覚ましい事績には、これ以上はふれないでおく。著者がこれから試みようとしているのは、あくまで純然たる古典学者としてのエラスムス像の素描である。

さて古典学者としてのエラスムスだが、古典学の分野での最大の業績であり、彼が世にも博学な古典学者としての名声を一挙に高め、その地位を不動のものとしたのは、先にもふれた『格言集』

とりわけ一五〇八年にヴェネツィアのアルド・マヌーツィオの印刷工房から刊行されたその増補版によってである。これは、ギリシア・ローマ古典に関する博大な知識を存分に活用して、広く格言・名句を収集し、これに独自の解釈を加えたものであって、古典学者としてのエラスムスの真骨頂は、このユニークな大著のうちに集約されていると言っても過言ではない。エラスムスはこの著作に非常な愛着と執心を覚え、一五〇〇年に初版を出して以来、版を重ねるたびに、増補という形でそこに古典に関する新たな知見を不断に投入したので、一五三六年最終版では四一五一もの格言とその注釈を収めた大著にまで成長したのである。エラスムスの在世中だけでも六〇版、一六世紀中に実に一三二版という、当時としては破格の大ベストセラーとなったこの書物は、ギリシア・ローマ世界全体の俯瞰図として、古典の知識の普及という面において、ヨーロッパ全体に絶大な影響を及ぼし、古代とルネッサンスをつなぐ重要な役割を果たした。極言すれば、この書物は、古代と近代をつなぐ役割を果たしたということになる。しかし近代に入ってギリシア・ローマ古典の研究が進み、読者が古代の作品の原典や翻訳に容易に接することができるようになると、この便利な古典宝典はいわば「用済み」となって、次第に忘れられたのである。今日では、古典学者としてのエラスムスの面目を最もよく伝えるこの記念碑的大著そのものは、エラスムスその人を知るために、専門家が利用するだけであろう。

この大著は、わが国にある『漢語成句・名句事典』や、ヨーロッパの『ギリシア・ラテン名句事典』などに多少似たところはあるが、その類とは、一味も二味も違うユニークなものである。中には、『戦争は体験しない者にこそ快し』のように、個々の格言や名句に加えたエラスムス独自の講釈が、解説の域を越えて、独立した一冊の本にまで発展したものもある。試みにその中から、短いものをひとつだけ選んで紹介しよう。

Homo homini lupus. *Ἄνθρωπος ἀνθρώπου λύκος.*〔人間が人間にとって狼である〕。これは、これに先立つ諺〔Homo homini deus.（人間が人間にとって神である）を指す〕とほぼ正反対の意味であって、明らかにプラウトゥスから出ている。これは知らない人を信用してはならず、狼に対するように、用心してかからねばならぬという戒めである。プラウトゥス曰く、「その人の性格などをなにも知らない場合は、人間は人間にとって狼であって、人間ではない」と。

みずからのギリシア語の力を示すためであろうか、それともラテン語との比較においてギリシア語を学ぶ便を図るためか、ご覧のとおり、エラスムスはラテン語の諺に自らのギリシア語訳を添えている。人はこれによって、カール・マルクスが資本主義社会の本質として引いているこの諺が、ローマの喜劇作家プラウトゥスに由来することを知るわけである。ちょうどわれわれが、「三顧の礼を尽くす」とか、「泣いて馬謖を斬る」といった成句が、中国の古典『三国志演義』から出ていることを教えられるようなものである。右の一例だけでは伝え得ないが、エラスムスは、ギリシア・ローマ古典に関する博大な知識を縦横に活かして、格言や成句、名言を字句にして、古典古代の知恵やものの考え方を、古典の知識に飢えた人々に伝えたのである。

残念ながら右に引いた例は短かすぎるし、『格言集』の中ではおもしろい部分ではない。エラスムス独自の個性的な解釈がはっきりとあらわれている、より興味深いものもあるのだが、長大なので掲げることはできない。この個性豊かな古典宝典は、エラスムスが単なる学殖豊かな古典学者ではなく、その枠をはるかに越えた、想像力豊かな人文主義者だったことを物語っている。言ってみれば、これは一種の文明批評としての意味合いをも帯びた書なのである。古典学の碩学であったウルリヒ・フォン・ヴィラモーヴィッツ＝メレンドルフ（一八四八―一九三一年）は、恐るべき博学の産物であるこの書を、「厳密な意味での学問的著作ではないが、人間の生き方を観察している、もの静かでユーモアあふれる人物の全人格がそこに投影されている」と評している。もはや学問的意義は認められないにせよ、いかにもルネッサンスの古典学者ならではの、人間性豊かな古典研究としての価値は失われてはいない。

ギリシア・ローマ古典研究におけるエラスムスの業績は、無論『格言集』に尽きるわけではない。それは彼の神学・聖書学方面における歴史的な大事業に比すれば、より比重は小さいものの、看過し得ないことは事実であって、その仕事はギリシア・ラテン語そのものに関する著作、古典作家の校訂と出版、翻訳などに及んでいる。ギリシア学者としてのエラスムスについては次節でもあつかうが、彼の古典学者としての出発は、まずは卓越したラティニストとしてなされたのであった。この方面におけるエラスムスの能力は、文献学においてよりも、むしろみずからの著作において発揮されている。とはいえ、古典学者としての彼の力量は、その著作においてのみならず、文献学の分野においても発揮されていることをも、言っておかねばならない。ラテン古典に関するその豊富な知識を存分に生かして、テレンティウス、スウェトニウス、クィントゥス・クルティウス、リウィウス、それにプリニウスの『博物誌』、キケロの哲学方面の著作の校訂にも携わり、これを出版するなど文献学的な仕事にも携わっており、その貢献度は決して小さくはない。

またラティニストとしてのエラスムスの見識を示す著作としては、晩年に近い一五二八年に書かれた『キケロ派(*Ciceronianus*)』(あるいは『キケロ主義者』)を挙げねばならない。ルネッサンス時代の人文主義者たちの多くは、イタリアのピエトロ・ベンボやフランスのエティエンヌ・ドレに代表されるような、エラスムスの言う「キケロ派」の人々であった。つまりラテン語を書くに際してはキケロを絶対的な軌範とし、文法であれ、語法であれ、語彙であれ、すべてにおいてキケロを模して書くべし、と主張する人々のことである。その古代主義、古典尊重は、中国の韓愈や欧陽修の古文辞学などよりもはるかに徹底しており、キケロに典拠をもたぬ語彙や表現は、一切これを退けるというものであった。これに対してエラスムスは敢然と異を唱え、自分たちの書くラテン語は、ひたすら奴隷的に忠実にキケロの文体を模倣すべきではなく、より広く範をとって、窮屈な思いをすることなく、自己の思想や感情を自由に表現できる文体を築くべきだと、『キケロ派』において主張したのである。当代は古代ローマではないのだから、キケロの言語・文体を奴隷的に敷き写しにしたものは、表現すべき思想や現実との間に必ず懸隔と齟齬を生ずると、実例を挙げてエラスムスは説いている。エラスムスの主張は「キケロ派」のエティエンヌ・ドレの激しい反発と反論を招いたが、結果としては、『痴愚神礼讃』や『対話集』をはじめとする、数々の著作における、擬古主義を脱した、生き生きとした見事なラテン語の駆使によって、その正しさを証明したと言えよう。

またこれはむしろ古典研究よりは教育にかかわる仕事だが、文学作品でもある『対話集』は、ヨーロッパ諸国で最良のラテン語教科書として長く使用されたばかりか、『ラテン語語彙用語論(*De duplici copia rerum ac verborum*)』、『学習計画(*De ratione studii*)』、『書簡文作法(*De scribendis epistolis*)』といった、ラテン語・古典語教育にかかわる著作も、古典学者としてのエラスムスの仕事の一部をなしている。ほかにには、その後のヨーロッパにおける古典語教育に大きな、また永続的な影響を与えた著作に、『ラテン語とギリシア語の正しい発音について(*De recta Latini Graecique sermonis pronuntiatione*)』がある。ギリシア語がもっぱら古典のテクストを読むことを目的として学ばれたのに対して、当時のヨーロッパの知的世界における国際共通語として実際に話され、教育の場において も広く用いられていたラテン語は、その発音に関して大きな問題を抱えていた。中世以来ラテン語は「死語」ではなく、生きた言語として用いられつづけてきたため、それぞれの地域や国の俗語の発音の影響を受けて、ローマ時代の古典ラテン語とはかなり異なったものとなっていて、発音は不統一であった。たとえば“Cicero”をイタリア人は「チチェロ」、フランス人は「シセロ」、ドイツ語地域の人々は「ツィツェロ」と発音するがごときがその一例である。このような状況に対してエラスムスは、古代ローマ人に従って、ラテン語は書かれたとおりに発音すべきだと説いて、その発音の訛りを匡すべきことを主張したのである。中世ラテン語において頽れていた二重母音や、母音の長短を厳守すべきことをも説いているが、これらはみな、古典ラテン詩は無論のこと、散文を含む古典ラテン語を正確に理解、鑑賞する上で、揺るがせにできないことであって、ラティニストとしてのエラスムスの見識を示すものと言えよう。と同時に、ラテン語のほか英語でも著作を遺したトマス・モアや、母語同様にラテン語を駆使する能力をもちながらも、もっぱらフランス語で作品を書いたモンテーニュ、あるいはラブレーの例に見られるように、ヨーロッパの趨勢は次第に俗語を重用する方向に向かっていたにもかかわらず、依然としてラテン語のみを用い、ラテン語によるヨーロッパの知的世界の統一を夢見ていたエラスムスの悲願が、ラテン語発音の統一というこの主張にも投影されていることは、否めないであろう。

ギリシア学者としてのエラスムスの業績は、先に挙げた『格言集』を別とすれば、さほど大きなものではない。この領域においてはエラスムスは、ヨーロッパにおけるギリシア研究の金字塔のひとつである『ギリシア語考』を著したギヨーム・ビュデや、多くのギリシア詩人、とりわけヘレニズム時代の詩人たちの作品を再発見して、これに厳密な校訂を施し、世に送ったポリツィアーノのような、目覚ましい業績を上げることはなかった。先にもふれたバシレイオスをはじめとするギリシア教父たちの著作の校訂と刊行などを別の系列に属するものとすれば、純然たるギリシア学者としての彼の仕事は、もっぱらギリシア古典のラテン語訳という形で世に問われることとなった。ラテン語訳を通じて読者がギリシア文学に親しめるようにしたいというのが、その意図するところだったのである。そのためもあって、古典学者の重要な仕事のひとつである文献学的作業に関して言えば、エラスムスはテレンティウス、キケロその他ラテン作家の作品の校訂などは進んでおこなっているものの、ギリシア古典に関しては、これをおこなっていない。少なくとも、エラスムスの校訂になることが、具体的にはっきりとわかっているギリシア古典の刊本は見られないようである。イタリア滞在中はギリシア古典の活字本を陸続と世に送り出した、ヴェネツィアのアルド・マヌーツィオの印刷工房に起居し、その旺盛な出版活動に協力したものと思われるが、具体的にどの刊本の校訂、テクスト批判などにかかわったかは、詳らかではない。アルドの工房には学識豊かなギリシア人学者のグループがいて写本、手稿の類を豊富に所蔵していたから、エラスムスもそれらにふれる機会は多かったはずだが、本の校合、校訂といった作業はもっぱらギリシア人学者の手にゆだねられていたのであろう。エラスムスはむしろ、その成果を存分に活用してギリシア古典の知識を深め、ギリシア学者としても成長を遂げていったと見てよい。エラスムスがギリシア古典に関する知識を深めたのは、この折のヴェネツィア滞在中のことであった。一五〇八年にアルドの印刷工房から上梓された『格言集』増補版におけるギリシア古典からの引用の数が飛躍的に増えていることが、そのなによりの証左である。

ヘレニストとしてのエラスムスの業績のひとつは翻訳活動である。彼によるギリシア古典の翻訳は、一五〇二年のリバニオスの演説集の一部の翻訳によって口火が切られた。しかしこれはギリシア語を本格的に学んでから二年足らずのうちになされた習作の域を出ないものであって、質、量ともに重く見るほどのものではない。ギリシア古典の翻訳家としてのより重要な仕事は、一五〇四年になされたエウリピデスの『ヘカベ』のラテン語訳にはじまると言ってよい。エラスムスは古典語を学ぶ学生たちがまず読むべきギリシア作家の一人としてエウリピデスを挙げており、彼自身この悲劇作家の作品に親しんでいたことは明らかである。アリストパネスにその難解さを揶揄されたアイスキュロスやソポクレスに比べれば、より平易かつ明晰であり、文章の美しさの点でも際立っているエウリピデスを翻訳の対象に選んだのは理解できる。エウリピデスを選んだのは、ひとつには、その前年の一五〇三年にアルドの印刷工房から、『エウリピデス作品集』の“Editio princeps”（初版）

が出ているから、早速それを利用したのであろう。彼自身によれば、この作品を翻訳したのは文学的な意図によるものではなく、なによりもまず翻訳という作業を通じてギリシア語の能力を高めようとしてのことであった。『ヘカベ』を翻訳したのです」（一五二九年八月一九日付）と、彼は友人ボッツハイムに書き送っている（エラスムスによれば、ギリシア語からラテン語への翻訳は、ギリシア語習得の最も有効な学習法であった）。当初出版の意図はなかったものの、これはラテン語韻文によるギリシア悲劇翻訳の濫觴をなすものとして、注目に値する仕事であった。エラスムスの方法は、字面を追う逐語的翻訳ではなく、ラテン語の韻文によってエウリピデスの詩句の美しさを再現することを狙ったものである。その出来栄えは、本書の著者の手許にある一九世紀の古典学者Ａ・ダンカン＝Ｊ・Ｍ・ダンカンによる学問的なラテン語訳と読み比べてみても、いささかの遜色もないばかりか、文学的にはよりすぐれたもののように思われる。この後エラスムスはさらにエウリピデスの『タウリスのイピゲネイア』をも翻訳し、パリのジョス・バード書店から刊行している。

　ギリシア古典の翻訳活動に関して言えば、より重要なものとしてエラスムスがなによりも愛読、親炙し、また最も大きな影響を受けたルキアノスの翻訳を挙げねばならない。エラスムスの諷刺的作品『痴愚神礼讃』、『対話集』などを読めばそれとわかることだが、エラスムスとこの二世紀に生きたシリア人ヘレニスト作家との間には、その気質においても、文学的資質においても、明らかな相似性が認められる。エラスムスのラテン語と同じく、学習によってギリシア語を完全に習得し、完璧な擬古文で作品を綴ったこの異国の作家は、明晰、軽快にして円転滑脱な文体を駆使した数多くの対話体の作品によって名高く、ルネッサンス時代にその作品が再発見されて以降、常に多くの読者を獲得してきた。ラブレーがその愛読者だったことは広く知られている。時に辛辣でありながら、機知に富み、読者を楽しませるその卓越した文学的技法は、ギリシア語を学んでその美を発見し、ギリシア古典に心酔するようになったエラスムスにとっては、まさに無二の範とすべき作家であったろう。エラスムスは、彼に先立つことおよそ一四〇〇年前のこのシリア人作家のうちに、己を見る思いがしたに相違ない。彼の得意とする「笑いながら真実を語る(ridentem dicere veritatem)」という手法にしても、ルキアノスに学んだものであることは明らかである。中世の間は知られていなかったルキアノスだが、一五世紀の前半に再発見されてから作品が流布するのは速く、エウリピデスなどに先立って、一四九六年にはすでに活字本が刊行されており、一五〇〇年までにはそのラテン語訳もいくつか存在するまでになっていた。エラスムスはギリシア語に通暁する以前に、おそらくはラテン語訳を通じてある程度はルキアノスを知っていたものと思われる。

エラスムスによるルキアノスの翻訳は、文学史的には僥倖なことに、彼の生涯を通じての友であるトマス・モアとの共訳という形で、一五〇六年に世に出た。北方ルネッサンスの二大巨星であるこの二人は、一四九九年にはじめて顔を合わせた時からたちまち意気投合したのであったが、両人を結びつけたひとつの要素が、共にルキアノスの作品の愛読者であったということも、十分に考えられる。エラスムスがかのよく知られた「モア伝」(一五一九年七月二三日付、フッテン宛の書簡)で描いているように、モアもまたルキアノス的諧謔を愛する点では、エラスムスにおさおさ劣るものではなかった。ギリシア語学習に関してはモアのほうが先んじていたから、ルキアノスの共訳の話をもちかけたのも、おそらくはモアであったろう。ともあれその文学的友情が実を結んだのが、ルキアノスの翻訳である『ルキアノス小品集(*Luciani opuscula*)』にほかならない。この共訳ではモアが対話篇四篇を、エラスムスが五篇を担当している。その翻訳のスタイルは、モアの訳文が単純明快で達意を旨とした翻訳であるのに対して、エラスムスのそれは、より彫琢を凝らした訳文であるという特質の相違は見られるものの、いずれ劣らぬ見事な出来栄えを示していると言ってよい。エラスムスはその後イタリアへ渡ってからさらに五篇を訳出したが、これはモアとの共訳版の刊行には間に合わず、『ルキアノス小品集』には収められてはいない。エラスムスはその後もさらに単独でルキアノスの翻訳の作業を進め、それらを加えて、一五一六年にバーゼルのフローベン書店からこれを刊行している。この版は一五二一年、二八年に改版が出てからも、一六世紀を越えて広く読み継がれることとなった。この翻訳体験が、エラスムス、モア両人がみずからの作品を創造する上で、大きな滋養となったことは確実である。ことにもエラスムスの『対話集』に、ルキアノスの影響が色濃く認められることは、両者の作品を知る誰の眼にも明らかである。その観点からすれば、エラスムスとモアによるルキアノスの翻訳は、世の読書人に裨益するところが大きかった以上に、彼らみずからの文学を養う糧としての意味をもったと言えよう。

　ギリシア古典の翻訳家としてのエラスムスの仕事として、さらに挙げておかねばならないのは、プルタルコスの翻訳である。プルタルコスがビザンティンの学者によってイタリアにもたらされたのは早く、その『対比列伝』が人気を博したこともあって、一四七〇年には全訳が出ている。そのギリシア語原典の“Editio princeps”がフィレンツェで刊行されたのは一五一七年のことであるが、もうひとつの主要な作品『倫理論集（モラリア）』はそれより前の一五〇九年にアルドの印刷工房から刊行されており、エラスムスはすでに写本の段階でこの作品に接していたものと思われる。エラスムスがその中から八篇を選んで翻訳にかかったのは、ケンブリッジ滞在中の一五一二年のことであるが、それがバーゼルのフローベン書店から刊行されたのは、一五一四年である。今日の眼から見れば、古典古代の詩人・作家の中で、プルタルコスが第一級の存在であるか否かは問題とされるところであろうが、ルネッサンスの知識人にとって、この博学無双な著述家は、汲めども尽きぬ知識の泉として珍重に値するものであった。アミヨの仏訳でプルタルコスを愛読していたモンテーニュの、異様なまでのプルタルコスへの心酔ぶりはわれわれ今日の読者を驚かせるに足るものだが、ルネッサンスの知的状況、その様相を考えれば、さほど奇とするにはあたらないとも言える。エラスムスが『倫理論集』から彼の眼にかなった八篇を訳出したのも、恐るべく広汎な知識をもつ古代の大知識人への畏敬の念に駆られてのことであり、『倫理論集』を知識の源と見なしていたからでもあった。後には彼は『倫理論集』の教育的・倫理的価値をも高く評価するようになり、これを称揚するに至った。晩年（一五三一年）になってから、エラスムスはプルタルコスの『箴言集』をも翻訳して、クレーヴ公ウィリアムに献呈している。その際のクレーヴ公宛の書簡に見える、次のような大仰なまでの賛辞は、エラスムスが古代における自分の先蹤者とも言える、この百科全書的博学の大著述家を、最終的にはどのような存在として意識していたかを伝えるものと見てよかろう。

ギリシア作家のうちで、プルタルコスに優る者はなく、ことにも道徳に関することにおいては、

彼に優って高潔で読むに値する者はおりません。(一五三一年二月二六日付)

エラスムスによるギリシア古典翻訳の仕事は、これに尽きるのではない。畢生の大業である『校訂版 新約聖書』の上梓後、時間と心にゆとりができたエラスムスは、さらにイソクラテス、ガレノス、クセノポンなどの翻訳にも手を染めている。一五一六年にはイソクラテスの勧奨弁論「ニコクレスに寄すまたは国政論」を翻訳しているが、これはスペイン王となったカルロス一世(神聖ローマ帝国皇帝カール五世)のために書かれた『キリスト教君主の教育』の付録という形で世に出た。イソクラテスが自分の弟子にあたるキプロス王ニコクレスに宛てて書いた、王者たるものの心得を説いたのが、この書簡体の作品であるが、エラスムスはこれを翻訳するにあたって、単なる翻訳以上の深い意図を込めたものと思われる。内容的に彼自身の『キリスト教君主の教育』と符合するところの多いイソクラテスのこの作品を添えることで、エラスムスは自著を補完し、その説くところを強化しようと図ったのであろう。

イソクラテスの翻訳から一〇年を経て、一五二六年、エラスムスは今度はローマ帝政期の医学者で哲学者でもあったガレノスの著作のうち、医学ではなく哲学的な内容をもった「自由学芸の勧め」その他の論文三篇を翻訳している。ガレノスの著作はすでに一四世紀に翻訳がなされており、エラスムスがイギリスで親しくまじわったテューダー朝人文主義者の一人で、ヘンリー八世の侍医でもあったトマス・リナカーなどもその一部を翻訳しているが、エラスムスは、医家であると同時に諸学に精通し、膨大な著作を遺したこの怪物的大知識人にも、心惹かれるところがあったのであろう。エラスムスの百科全書的な関心の広さを示すものとして興味深いが、どちらかと言えば余技に属する仕事である。

さらにその二年後の一五二八年には、クセノポンの『ヒエロン』の翻訳がなされている。古典作家としてのクセノポンの評価は今日ではさほど高くはなく、やや通俗的な著作家と見られているが、ルネッサンスの知識人はこのギリシア作家に多大な関心を示し、一五二五年にはその全著作集が、アルドの印刷工房から出ている。エラスムスもまたクセノポンに積極的な関心を抱いていたルネッサンス人の一人であることは、この翻訳が物語っていよう。ルネッサンス期のヨーロッパの人々がギリシア文学を知ったのは、もっぱらそのラテン語訳を通じてであった。今日と同じく、ギリシア語に通じている人々の数は少なく、それを当時の知識人の共通のことばであったラテン語に翻訳することによってはじめて、ギリシア文学は一般の読書人のものとなったのだと言っても、過言ではない。その意味でもエラスムスの訳業のもつ意味は小さくはないと言える。

ギリシア学者としてのエラスムスには、このほかギリシア語文法書の翻訳などの仕事もあるが、それについては次節「エラスムスとギリシア語」でふれることとする。

これまでざっと一瞥したところからも知られるように、キリスト教学を離れた、純然たる古典学者としてのエラスムスの業績は、ベストセラーとなり、長期にわたってヨーロッパの人々に古典古代の知識を伝え、絶大な影響力をもった『格言集』を別とすれば、大きなものではない。彼の先蹤者であるポリツィアーノやロレンツォ・ヴァラ、ギヨーム・ビュデ、ロベール・エティエンヌなど、ギリシア・ローマの古典研究に巨大な足跡を残した人文主義者たちのそれに比べれば、さしたるものではないとも言える。ギリシア学者としての仕事が、もっぱら翻訳に終始し、文献学的な業績が欠けていることも事実である。それはキリスト教人文主義を標榜する彼の本領が、古典研究そのものではなく、あくまで「キリスト教の復興、復元(restitutio Christianismi)」にあったことを考えれば、当然のことかもしれない。その真面目、その卓絶した学才は、『校訂版 新約聖書』とその周辺において最も輝きを見せ、強い光芒を放っているからである。とはいえ、一六世紀以降ヨーロッパ人の古代世界認識に絶大な貢献をなし、その蒙を啓いた記念碑的大著『格言集』ひとつとっても、古典学者としてのエラスムスが、北方ルネッサンスにおける一巨人であることに変わりはない。

エラスムスとギリシア語

古典学者としてのエラスムスの仕事を一瞥したところで、次にはこの天性のフィロロゴスである人物が、いかにしてギリシア語を学び、それに習熟したか、また当時のギリシア語学習の状況がどのようなものであったか、ひとわたり眺めることにしたい。人文主義の基盤となっているのは、言うまでもなく古典語すなわちギリシア語とラテン語である。中世以来ラテン語はヨーロッパの知的活動を支える柱であったが、ギリシア語に関してはそうではない。ギリシア語とギリシア古典の知識の獲得は、すぐれてルネッサンス的な現象であった。極言すれば、ギリシア語の知識は、ルネッサンスとルネッサンス以前の中世的世界とを分ける、重要な指標であり分水嶺であった。周知のとおり、イタリア・ルネッサンスを惹き起こしたひとつの要因は、一四五三年のオスマン・トルコによるコンスタンティノープル征服の結果として、ギリシア学者たちが大量のギリシア語原本を携えてイタリアへ亡命してきたことにある。そこからフィレンツェにおけるプラトン・アカデミーの設立、フィチーノ、ポリツィアーノ、ピコ・デッラ・ミランドラ、ロレンツォ・ヴァラといった、傑出したイタリア人文主義者たちが輩出することともなったのである。

よく知られていることだが、人文主義者の祖とされるペトラルカは、ラテン古典に精通しており、そのさらなる復興に絶大な貢献をなして、イタリア・ルネッサンスへの道を拓いたが、熱烈な憧れを抱きながらも、ギリシア語を習得するには至らなかった。友人から贈られたホメロスの原典も、彼の前には「沈黙したまま」だと、その書簡は語っている。中世風のスコラ哲学、スコラ神学に凝り固まった保守的な神学者たちが、異教の匂いのするギリシア語・ギリシア古典の研究を排撃したことは先に述べたとおりだが、人文主義者のすべてがギリシア語に通じていたわけではなかった。エラスムスの親しい友人であり、テューダー朝人文主義を代表する人物の一人であるコレットも、イタリアに留学して新プラトン主義哲学を学んだが、ギリシア語には暗かった。しかしエラスムスの場合は、それとは異なる。彼がギリシア語を習得したことが、ヨーロッパ史上最初の『校訂版新約聖書』の刊行という、畢生の大業へとつながるのであるから、その跡を追ってみることは、決して無意味ではない。エラスムスというルネッサンスの一文人とギリシア語のかかわりを、瞥見してみよう。

古典学者でもあったエラスムスが、同時代の人文主義者の中でも傑出したラティニストだったことは、彼の全著作、とりわけ『痴愚神礼讃』と『対話集』を読めば、誰しも感じることであろう。

彼が多く範を取ったルキアノスが、生まれから言えばギリシア人ではなく、シリア人のヘレニストで、ギリシア語は学習によって習得したにもかかわらず、いささかも斧鑿《ふさく》の跡を見せない、軽妙で流麗明快な擬古文のギリシア語を書いたことには定評がある。エラスムスのラテン語もまた同じであって、努力して学校で学んだとは信じがたいほど、自然な、時には悪達者とさえ言えそうな、自由自在、闊達なその文体は、エラスムスがこの言語を、母語同然にあやつる能力を身につけていたことを、如実に示している。実際、ルキアノスとエラスムスの対話作品を交互に読み比べてみると、エラスムスが自分に体質的によく似たところのある、そのかみのシリア人ヘレニストの文体を完全に自家薬籠中のものとした上で、これを見事にラテン語で"recreare"(再創造)していることがわかる。

ではエラスムスは、どうやってそのギリシア語を身につけたのであろうか。ルネッサンス期の人文主義者たちは、具体的にはどのようにしてギリシア語に習熟したのだろうか。そこが知りたいところである。ルネッサンス期のギリシア語学習はどんなふうだったのか。まずは問題をエラスムスに限定して、この大人文主義者自身のギリシア語学習の跡を追い、その成果を眺めてみよう。これはエラスムス研究家にとっては、既知のことなのだろうが、わが国ではほとんど知られていないことだと思うので、簡単に紹介しておきたい。

エラスムスが本腰を入れてギリシア語の勉強にとりかかったのは、一五〇〇年、半年ほどのイギリス滞在を終えて、パリへ戻ってからのことである。このときエラスムスはすでに三一歳になっていた。その前年ラテン語の弟子であったマウントジョイ卿の招きではじめてイギリスへ渡り、そこでトマス・モアをはじめ、コレット、グロウシン、リナカー、ラティマーといった当時のイギリスの人文主義者たちを識ったエラスムスは、彼らの学識の豊かさに驚き、感嘆させられたのであった。コレットの感化によって、古典学者から神学者・聖書学者へと大きく方向転換し、原典による聖書研究に生涯を捧げる決意をしたエラスムスは、ギリシア語の知識が著しく乏しいことを痛感し、改めてギリシア語を学ぶ決意を固めて、再びドーヴァー海峡を渡ったのである。イギリス滞在中に、当時オックスフォードでギリシア語を教えていたグロウシンともまじわり、そのギリシア語の知識の深さに圧倒されたのも、大きな刺激となっていたようである（トマス・モアは、オックスフォードでグロウシンにギリシア語を学んでいる）。コンスタンティノープルの陥落による亡命ギリシア人の学者たちを迎えたイタリアでは、一五世紀からギリシア語学習が盛んであったが、その風潮が北方諸国へ広まるのは遅く、エラスムスはオランダでは、ギリシア語教育と言えるほどのものは受けてはいなかった。ボッツハイム宛の書簡によれば「ギリシア語は、子供の頃ちょっとばかりかじっただけ（Graecas literas utcunque puero degustatas）」（一五二三年一月三〇日付）だったという。その後渡英前にパリでなにほどかのギリシア語を学んでいたとはいえ、それはきわめて不十分なものでしかなく、ギリシア古典を自由に読みこなすには程遠いものだったことは疑いない。ともあれイギリスから戻ったエラスムスは、猛然とギリシア語の勉強にとりかかった。パリへ戻って三カ月後の一五〇〇年四月、友人バット宛に書かれた書簡は、それをこう伝えている。「ぼくはギリシア語に精魂傾けています。金を受け取ったらただちにギリシア語の本を買うつもりです、それから衣服を買います」。

エラスムスが具体的にはどのような形でギリシア語を学んだのかは、明らかではない。おそらくはまずはビザンティン帝国から来てイタリアでギリシア語を教えたマヌエル・クリュソロラス(一三五〇年頃―一四一五年)のごく簡単な文法書『エロテーマタ』を学び、次いでコンスタンティン・ラスカリス(一四三四―一五〇一年)のやや進んだ文法書『エロテーマタ』で基礎を習得したのであろう(これは印刷本で出た最初の文法書であった)。クリュソロラスの文法書は、当時ギリシア語教育に一般的に使われており、ロイヒリンも、フランス・ルネッサンスを代表するギリシア学者となったギヨーム・ビュデも、ラブレーも、この文法書でギリシア語を学んでいる。後者は一四八〇年には、イタリアでラテン語との対訳版も刊行されていたから、この版を使って学んだ可能性は高いと思われる(実はかのフィチーノ(一四三三―九九年)も、ラテン語での説明が付されたギリシア語の学習書を書いており、偶々この本は本書の著者の手許にあるが、エラスムスがこれに接していた可能性は低い)。上記の文法書で基礎を固めた後に、これらの簡略な文法に比べればはるかに詳しく、ギリシア語の形態論だけでなく統辞法にまで説き及んでいるテオドロス・ガザ(一三九八年頃―一四七五年頃)の四巻本の文法書に進んだのであろう。エラスムスは晩年ラスカリスの文法書と、このテオドロス・ガザの文法書の第一巻と第二巻をラテン語に翻訳している。

ギリシア語に関しては、後年みずからのギリシア語学習を回想して、「まったくの独学であった(prorsus fui *autodidaktos*)」と言っている。なんとかギリシア人教師につきたいと願ったが、ビザンティンからの亡命学者が大勢いたイタリアとは異なり、パリでギリシア人教師を探すのは困難であった。かろうじてスパルタ生まれのヘルモニュモスというギリシア人が一人いたが、エラスムス自身が語っているところによれば、この男は法外な謝礼を要求したばかりか、学識も乏しく、教えることにも不熱心であった。何回かはレッスンを受けたかとは思われるが、得たものは失望だけであった。一五二九年八月一五日付のボッツハイム宛の書簡では、それについて、こう述べている。

パリにはたった一人ギリシア語をおぼつかなくしゃべるグレゴリオス・ヘルモニュモスがいたのですが、この男は教えたくとも教える能力がなく、教えることができたとしても、教えたがらなかったのです。

つまりエラスムスは、かつてホメロスを原典で読むことを熱望したペトラルカが、南伊カラブリア生まれのギリシア人レオンティオン・ピラトなる者についてギリシア語を学ぼうとしたが、ギリシア語もラテン語も不十分だったこの男が師では成果も上がらず、結局挫折したのに似た、苦い経験をしたのである。結局エラスムスが選んだのは独学の道であり、文法を学んでから、いきなりギリシア作家の作品にとりついたようである。ギリシア語のテクストを読むには大量の語彙を獲得しなければならないが、ギリシア語の辞書らしい辞書がなかった当時、どうやってテクストを読むだけの語彙力をつけたのかは、詳らかではない。一八世紀半ばに出たE・F・レオポルトのギリシア＝ラテン語対訳辞典のような辞書は、当時はまだなかった。これは著者の推測だが、ベッサリオンによるアリストテレスのラテン語訳、テオドロス・ガザによるアリストテレスのラテン語訳、ロレンツォ・ヴァラによるトゥキュディデスとヘロドトスのラテン語訳、テオドロス・ガザによるキケロの『老年について』のギリシア語訳、マクシモス・プラヌデスによるオウィディウスの『名婦の書簡』のギリシア語訳、それにゲオルギオス・トラベズンティオスによる多くのギリシア古典のラテン語訳なども利用して、語彙を増やしていったのではないかと思われる。先にふれたフィチーノがあらわしたギリシア語教本などを手にしていれば、学習はより容易だったはずである。

ともあれ独学のエラスムスは、「自分自身を教師とすることを強いられた」のであり、まずは初学者にもとりつきやすいルキアノスの対話作品を丹念に読み、翻訳するという学習方法をとっている。やがてギリシア語が読めるだけではなく、自由に書けるようにもなっているところからして、おそらくはロジャー・アスカムがエリザベス一世にギリシア・ラテン語を教えた際に用いた「ダブル・トランスレーション」つまり「ギリシア語からラテン語へ翻訳し、再びラテン語からギリシア語へ翻訳する」という方法で反復練習を積み、これによってかなり短期間にギリシア語の読み書きに習熟したものであろう。エラスムスが古典語を学ぶ生徒たちのための『学習計画』の中で、「ペンを動かす」ことこそが語学習得の最良の方法だとしているのは、このときの経験に基いているものと思われる。「最も成果を上げるのは、ギリシア語からラテン語への翻訳である」と彼は説いている。三〇歳を過ぎてからの新たな外国語学習であったから、血のにじむような努力があったに相違ない。一五〇一年三月に書かれたと推定されている、エラスムスのアントゥーン・ベルヘン宛の書簡もまた、すでに三〇歳を越えていた彼が、パリで猛然とギリシア語の勉強に取りかかっていたことを伝えていて興味深い。

幸運にも何冊かのギリシア語の本が手に入ったので、夜も昼も密かにそれを筆写しています。

なにがおもしろくて、監察官カトーの例に倣って、この齢でギリシア語を学ぼうなどという気を起こしたのだと訊く人がいるかもしれません。子供のときにそんな気を起こしていたら、あるいはそういう機会に恵まれていたら、私はずっと幸せだったでしょう。とはいえ、学ぶべきことを知らないままでいるよりは、たとえ遅くなってからでも、それを学んだほうがいいと考えています。昔このことばをほんのちょっとだけかじったことがありましたが、それは文字通りかじっただけにすぎません。最近いささか深くその中に入り込んでみて、きわめて重要な作家を読んで知ったことは、ラテンの学問はどんなに堂々としていても、ギリシア語の知識が欠けていれば、その価値が半分に減じてしまうということです。ラテンの学問はちょろちょろ流れている小川で、濁った水溜りですが、ギリシアのそれは澄みきった泉で、黄金を溶かし流れているからです。

ギリシア語とギリシア古典の世界の価値を発見したエラスムスが、それに興奮して没頭していた様子は右の書簡からもよく窺われるが、この頃からエラスムスの書簡はギリシア語による引用が次第に増えてくる。友人からホメロスの原典を借用したのもこの頃のことであるが、この段階では、まだホメロスを読みこなすところまでは行っていなかったことが、次の書簡の一節からわかる。この書簡は、ホメロスを返してくれと言ってきた友人への返信である。

それじゃ君は、医者の（誰のか知らんが）言うことを聞いて、こんな侘しい思いをしているこの

> ぼくから、たったひとつの慰めを奪ってくださるというわけかね？ それを君から贈られたものだとまでは言わないにしてもだ。ぼくはこの作家への熱愛に燃えているものだから、理解できないまでも、それを眺めているだけでも心が癒されるのだ。とはいえ、なんであれ君の意に背くことはひどく不当なことだと思うし、ことにも君が今苦しい状況にあればなおさらのことだ。だからホメロスの一部だけを君に送る。君のあつかましい医者もそれで満足するだろうし、ぼくも喜びをすっかり奪われなくてすむわけだ。（一五〇一年九月付、フィンセント・アウグスティン宛）（傍点は引用者）

この書簡を送った翌年の九月には、エラスムスは早くも友人に向かって、ギリシア語の上達ぶりを次のように伝えているが、驚くべき進歩の速さである。

> ぼくはギリシア語に没頭しているが、努力がまったく無駄だったわけでもない。学習が進んで、思うところをかなりうまくギリシア語で書けるようになったんだ。それも即興でね。（一五〇二年九月付、ウィレム・ヘルマンス宛）

ここからも、ギリシア語に目覚めたエラスムスが、彼の言うようにそれに没頭し、異常なまでの努力をしていたことがわかる。叙事詩特有のギリシア語で書かれているホメロスを読むためには、標準的なアッティカ方言の知識だけでは無理で、いわゆるホメロス文法を学ぶ必要があるのだが、当時はまだ今日われわれが手にしているマンローやシャントレーヌのような、組織立った体系的なホメロス文法は無論なかったし、ファーのような便利なホメロスへの入門書があったわけでもない。しかるに、いかなる学習法によってか明らかではないが、当初は読解もおぼつかなかったホメロスにしても、エラスムスは数年後には、それを自在に読みこなすまでになっているのである。ホメロスを学ぶに際しては、すでに一五世紀のうちに、エラスムスが畏敬していたロレンツォ・ヴァラが三分の二ほどを成し遂げていたラテン語訳を参照した可能性が大きいと思われる。二巻から五巻までの部分訳ではあるが、ポリツィアーノによる『イリアス』のラテン語訳もあったから、それから学んだことも考えられる。いずれにせよ、『格言集』における、増補版ごとに数を増しつつあるホメロスからの引用は、彼がホメロスに親しんでいたことを示している。一五〇六年のセルヴァティウス宛書簡では、「必要とするだけのギリシア語の知識を獲得した」とも語っており、本格的にギリシア語を学びはじめてから、わずか数年間で、これに熟達したことは、ほぼ確実と見てよい。熟達したとはいえ、J・ショマーラが指摘しているように、エラスムスのギリシア語の能力は、究極的には、まったく母語同様に駆使できたラテン語の域にまでは、ついに到達することはなかったらしい。彼のギリシア語は、ギリシア人とまったく変わらぬほどギリシア語ができると豪語し、ギリシア語によるエピグラム詩をも遺しているポリツィアーノには及ばなかったであろう。ショマーラが驚嘆の念をもって、「賛嘆すべきことは、エラスムス、ビュデ、ラブレーといった人々が、このような文法書〔クリュソロラス、ラスカリスなどの不完全な文法書を指す〕によってギリシア語を習得したことである」と述べているように、ビザンティンからの教養ある亡命ギリシア人学者から直接ギリシア語を学んだイタリアの人文主義者たちとは異なり、そういう好条件に恵まれなかったフランスその他の国の人文主義者が、注釈書はおろか文法書も辞書も不備な状況の中で、ホメロス以下のギリシア古典を自在に読みこなす力を身につけたことは、やはり驚くに足ることではあるまいか。エラスムスの場合は、三〇歳を過ぎてからの独学であるだけになおさらのことである。

フランスの傑出した古典学者ロベール・ガガン、ギヨーム・ビュデ、エティエンヌ・ドレなどとは異なり、エラスムスが多大な努力を傾注してギリシア語を学んだ究極の目的は、ギリシア語原典による聖書研究であり、またヒエロニュムスなど初期ギリシア教父たちの著作を、厳密に校訂して世に出すことにあった。"veritas evangelica"(福音書の真実)を極めること、これこそが彼の目指すところであった。ギリシア古典作家を次々と読破したのも、あくまでそこに至るための予備課程だったのである。とはいえ、ギリシア古典文学そのものは研究対象ではなかったものの、それに強く心惹かれ、楽しんだことも事実であって、結果としては、ギリシア文学の翻訳家(無論ラテン語訳である)としての仕事を遺すことにもなった。本人はギリシア語上達の有効な手段としてやったことであろうが、結果的には、エラスムスの翻訳は版を重ねて広く読まれ、古典学者としてのエラスムスの名を高めるのに貢献したこともまた事実である。前節でもふれたが、エラスムスのギリシア古典翻訳はまず四世紀のキリスト教作家で修辞学者リバニオスの演説の翻訳にはじまり、エウリピデスの『ヘカベ』、『タウリスのイピゲネイア』、さらにはトマス・モアとの共訳の形で上梓されたルキアノスの作品、プルタルコスなどに及んでいる。ウルガタ訳に挑んだ新約聖書のラテン語訳は、また異なる領域での問題である。

エラスムスにとって幸運だったのは、彼が本格的にギリシア語に取り組んだ頃から、ギリシア古典の活字本の“Editio princeps”が陸続と世に出たことである。ギリシア古典の活字本を世に送り出したのは、エラスムスもかかわりの深いイタリアのアルド・マヌーツィオの印刷工房であった。一五〇〇年までにはデモステネス、アイソポス(イソップ)、ホメロス、テオクリトス、ヘシオドス、エウリピデス、イソクラテス、アリストテレス、テオグニス、『ギリシア詞華集』、ルキアノスなどがこのアルドの印刷工房から次々と世に送り出され、それらの活字本はアルプスを越えて、北の国々にも招来されたのである。ギリシアの文法家の著作も、わずかながら印刷された。この勢いはとどまることなく、一五〇〇年以降も、トゥキュディデス、ヘロドトス、クセノポン、ソポクレス、プルタルコスなどが刊行され、一六世紀半ばまでには、ピンダロス、プラトン、アイスキュロス、ガレノス、プトレマイオスなども出揃った(プラトンはフィチーノのラテン語訳で読まれていたため、一五一三年になって、ようやく“Editio princeps”が出ている)。ギリシア語活字本の普及により、それ以前のようにテクストの入手が困難で、ようやく手にしたテクストも、いちいち書写して学ばねばならぬ不便さから、一挙に解放されたのである。エラスムスがギリシア語の学習にあたって、これらの刊本を存分に活用したことが、その短期間での習得、熟達に与って力があったことは疑いを容れない。彼は陸続と刊行されたギリシア古典を、貪るように読み、これに通暁するに至ったのである。

このように、猛勉強の甲斐あってわずか数年でギリシア語に熟達したエラスムスであったが、彼がギリシア語にいっそう磨きをかけ、その知識をさらに深めたのは、一五〇六年から〇九年までの三年あまりのイタリア遊学中のことである。数年前にはイギリスの人文主義者たちのギリシア語の知識の深さに圧倒され、羨望の念を抱いて彼らを見つめていたのに、今やその方面でも彼らと肩を並べるほどになり、エウリピデスやルキアノスの翻訳者として、イタリアへ赴いたのであった。後年「ギリシア・ラテン語に関しては、イタリアからもち帰ったものよりも、もって行ったもののほうが多かった」とまで豪語したのも、すでにその時点でギリシア語を知悉していたことへの、自信のあらわれであろう。

エラスムスがイタリアにおいてギリシア語の総仕上げをする上で大いに役立ったのは、イタリア人人文主義者たち、さらにはムスルスやラスカリス、デメトリオス・ドゥカスのような学殖豊かなギリシア人グループと親しく接する機会をもったことであった。ボローニャではその後長く親交を結ぶこととなるギリシア語教授パオロ・ボンバシオと友誼を結び、ラテン語ばかりかギリシア語にも精通し、ヘブライ語にも通じていたジローラモ・アレアンドロとも親しく交わった。その後ヴェネツィアに移ってからは、その地に一五〇〇年に設立されていた「ギリシア愛好者協会(Sodalitas Philhellenon)」のメンバーとなり、さらにはギリシア古典の印刷本を次々と世に送り出していた、アルド・マヌーツィオの印刷工房に起居していた間は、古典学者でもあったこの偉大な印刷業者に協力して、そこではたらいていたギリシア人学者たちに日々接することもできた。亡命ギリシア人学者ラスカリスやムスルスのような人々を相手に、ギリシア語やギリシア文学をめぐる問題を、ギリシア語で論じあう機会に恵まれたことは、エラスムスのギリシア語の知識をトータルなものとするのに大いに役立ったはずである。イタリアを去ってから後にエラスムスが一書をあらわして論じた古典ギリシア語の発音に関する問題も、彼らの討論の重要な議題であった。

一五〇九年、マウントジョイ卿の招きにより、エラスムスはイタリア遊学を打ち切ってまたイギリスへ渡るが、このたびは、一五〇八年にアルドの印刷工房から出した『格言集』増補版の大成功によって、ヨーロッパ全土にその名を知られた著名な古典学者として、イギリスへ凱旋したのであった。本格的にギリシア語を学びはじめてから、九年の歳月が流れていた。彼はその後五年近くイギリスにとどまることになるが、一五一一年からは、ケンブリッジでギリシア語を教えている。友人アンモニオ宛書簡によれば、初学者には彼自身がそれで学んだと思われるラスカリスの文法を、上級向けにはテオドロス・ガザの文法を講義したが、受講した学生はわずかだったらしい(一五一一年一〇月一六日付)。先にふれたように、エラスムスはこのふたつの文法書をラテン語訳しているが、みずからの著作としてギリシア語の入門書や文法書をあらわすことはなかった。イギリス滞在中は、新約聖書の研究とヒエロニュムスなどギリシア教父たちの著作の校訂に没頭していたためであろう。

これまで見てきたように、三〇歳を過ぎて学習をはじめたにもかかわらず、猛勉強の甲斐あって、ギリシア語には十分熟達したが、全体として見ると、ギリシア学者としてのエラスムスの業績はさほど大きなものではない。彼のギリシア語研鑽の成果は、ギリシア古典の研究ではなく、バシレイオスなどの教父たちの著作の校訂と、究極の目的であった新約聖書の原典の校訂と研究において、最も豊かに実を結んだからである。

とはいえ、ギリシア語教育の分野においても、エラスムスは貴重な貢献をなしている。それは古典ギリシア語の発音に関するもので、ギリシア語の入門書や文法書こそ書かなかったものの、エラスムスがこの方面で遺した仕事を忘れてはなるまい。ラテン語とギリシア語の発音の問題を論じた著書『ラテン語とギリシア語の正しい発音について』がそれである。エラスムス以前に、すでにスペイン語文法の著者として知られるアントニオ・ネブリーハ（一四四四―一五二二年）が、不十分な形ながらギリシア語とラテン語の発音の問題をあつかっており、エラスムスもそれを知っていたが、ネブリーハよりも正面切って、この問題を論じたのである。実際上、古典語の発音の問題は、もっぱら読むことを目的として学ばれたギリシア語よりも、学問の言語として実地に話され、教育にも用いられていたラテン語においてより重要であったが、ギリシア語に関してもやはり発音上の問題が存在した。ラテン語と異なり、読むことを目的として学ばれたギリシア語は、発音の問題はラテン語ほど切実かつ重要ではなかったとはいえ、古典ギリシア語を正しく理解する上で、やはり軽視できない問題であることは事実であった。問題はギリシア語をイタリアを経て西欧諸国に伝えたのが、ビザンティンからの亡命ギリシア人だったことにある。ビザンティン・ギリシア語は書き言葉に関してはきわめて保守的であって、古典ギリシア語の形をよく保ってはいるものの、現代ギリシア語の“dimotiki”（民衆語）へとつながっていく話し言葉の発音は、時代が降るに従って、古典ギリシア語とは大きく異なるものとなっていた。ピッチ（高低）・アクセントからストレス（強勢）・アクセントへの移行、二重母音の喪失、個々の子音の音質の変化など、さまざまな面での相違が目立っているのである。一四五三年のコンスタンティノープル陥落によって、イタリアへ亡命してきたギリシア人学者たちが話していたギリシア語は、当然のことながら当時の発音であり、その発音で古典ギリシア語を教えたのである。すなわち“*Ἕλληνες*”を[elines]と発音し、“*ἡ γραμματική*”を[i grammatiki]、“*εὔκολος*”を[evkolos]、“*συμπόσιον*”を[simbosion]、“*Ἀθήνη*”を[athini]と発音するといった具合である。つまりビザンティンの学者たちも、彼らに学んだイタリアほか西欧の人々も、古典ギリシア語を、一五世紀のビザンティン・ギリシア語の発音で読んでいたのであり、それは当然のこととされていたのであった。だがこれは、母音の長短ばかりか個々の音が大きな意味をもつギリシアの韻文を正しく理解する上ではやはり妨げになることは否めない。たとえば“e, y, ei, oi”といった綴りが、すべて[i]と発音されていた当時のギリシア語の発音では、古典ギリシアの詩の響きやリズムのもつ美しさを正しく把握することは困難である。エラスムス自身イタリア滞在中にギリシア人学者と話していたのは、当時のビザンティン風のギリシア語だったことは疑いないが、その発音が古典ギリシア語とは大きくずれていることに気がつき、古典のテクストを読むときには、ビザンティン式の発音を捨てて、古代の発音によるべきことを説いたのである。

エラスムスのこのような主張は、「エラスムス式発音」としてやがてその妥当性を広く認められ、その後大学などにおけるギリシア語教育は、ビザンティン式ではなく、今日われわれがギリシア語を学ぶ際に接するような、アッティカ時代の発音にとって代わることとなった。それを考えると、エラスムスが西欧における、ひいてはわが国を含む西欧以外の国々における、ギリシア語教育においてなした貢献は、およそ小さからぬものであったということになろう。

第三章 平和主義者――狂信の敵の信念

エラスムスが後世に遺したもののうち、今日もなお生きており、また生かさねばならぬもののひとつは、徹底した反戦・平和の理念であろうかと思われる。特定の祖国をもつことを拒否し、チューリッヒ市民となることを勧めたフルドリッヒ・ツヴィングリへの返書で、「私は共通世界の市民であるか、むしろ異邦の客であることを望んでいるのです」と答え、「全世界が私の祖国である」、「全世界はひとつの共通の祖国である」と言いきったエラスムスは、強い自覚をもったコスモポリタンであり、徹底した平和主義者であって、いかなる国民、民族の優越性をも認めようとはしなかった。

もし、祖国という呼名が和解を生み出すというのでしたら、この世界はすべての人間に共通の祖国ではありませんか。(『平和の訴え』箕輪三郎訳、岩波書店〈岩波文庫〉、一九六一年、八〇頁)

と訴え、国家的・民族的対立を、戦争というような暴力的行為に訴えて解決することの愚を唱え、協調と融和の大切さを説いたのが、この人物なのである。そんなエラスムスにとって、狂信と偏狭なナショナリズムこそが生涯の敵であった。世界の多様性を認め、寛容の精神をもって、敵対する者同士の融和と和合を図ること、これこそが、非行動的な日和見主義者、書斎にこもって保身に徹した臆病な知識人と見られてきたこの人文主義者の強固な信念であり、その実現のためには、彼の唯一の武器であることばを尽くして闘うことも辞さなかったのである。その意味では、彼は決して巷間に信じられているような怯懦な人物ではない。イタリアでの覇権をめぐって、フランス、スペイン、神聖ローマ帝国、イングランドといった強国が相争って戦争を繰り返し、同じキリスト教徒でありながら、宗教的理念が異なるというだけの理由で、流血や虐殺をともなう血みどろの闘争、ひいては宗教戦争が荒れ狂っていた時代に、ひたすら寛容の精神を説き、権力者たちに向かって繰り返し戦争反対を呼びかけ、平和の重要さを訴えつづけた人間が、怯懦な人物であろうはずがない。今日なおイスラム原理主義やキリスト教原理主義が、現実世界で力をもち、地球上の一部分とはいえ、狂信が支配して世界を脅かしていることを思えば、熱烈な反戦・平和主義者であり、宗教的寛容の精神をもつことの重要性を説いた人物として、エラスムスの名は、改めて想起されてよい。国が異なり、民族が異なり、時にまた宗教、宗派が異なるというだけの理由で互いに敵視しあい、ナショナリズムや狂信が昂じて国家間の戦争に至る愚を、エラスムスはこんな風に述べている。

われわれは、それぞれの祖国にただ違った名前がついているというだけで、国民を駆りたてて他国民の絶滅に征《い》かせるのが正しいと思うのでしょうかしらね？（同書、七九頁）

なによりも偏狭なナショナリズムを嫌い、人間を盲目にする狂信を嫌って、人間の理性を信じ尊重するこの人文主義者は、彼の言う「よき学問（bonae litterae）」によって、人類を啓蒙し教養を高めることによって、人間を野蛮や無知蒙昧や人種的偏見から解放し、戦争や暴動を抑止し得るものと考えていた。彼の奉じる一種の世界主義も、あらゆる戦争や暴力行為を否定し、ひたすら融和を説く態度も、そこから出ている。その上で、平和裡にひとつの知的・文化的共同体が築かれることが、人文主義者としてのエラスムスが抱いた夢想であった。それは確かに理想主義であって、その後の世界の動きがその願いとは反対の方向をたどったことは事実である。もっとも、特定の祖国をもたない「汎ヨーロッパ人」としてのエラスムスが説いた理想は、前世紀における二度にわたる悲惨な大戦の経験への反省の上に立って、不完全な形ながら、ＥＵ、「ヨーロッパ連合」という形で、ひとまずは実現を見たと言っていいだろう。

徒手空拳、ことばの力を信ずるほかないわれわれとしては、戦争という野蛮な行為を、人間の惹き起こす最大の愚行であり災いとして告発し、ひたすら筆をふるって平和の必要性を説いた人文主義者たるエラスムスの存在を、このあたりでもう一度思い起こし、その叡智に学ぶ必要があるのではなかろうか。エラスムス的叡智を冷笑し、否定することは知性の頽廃であり、理性を否定し、狂信への道を開くことにつながると思う。

エラスムスは、後世においてはもっぱら、痛烈な諷刺をこととする『痴愚神礼讃』の著者として知られていて、強固な反戦・平和主義者としての貌は、この人物の多彩多様な貌のひとつにすぎない。だが、およそいかなる平和であれ、それがどれほど正しくないものだとしても、最も正しいとされる戦争には優るのだと主張し、絶対平和主義の立場を貫いたのが、この知的巨人であったことを、忘れてはなるまい。骨の髄から非人間的な蛮行としての戦争を忌み嫌い、国民同士が、あるいは同じキリスト教徒同士が戦争という野蛮な手段によって殺戮しあう愚かさを終生叫びつづけ、宗教戦争が荒れ狂うさなかで平和を呼びかけることの無力を自覚しながらも、なおことばの力を信じて、倦むことなく戦争の愚を説きつづけたのが、エラスムスという人物であったことを、われわれはもっと知ってよいのではなかろうか。

北方ルネッサンスのもうひとりの巨人、宗教改革の立役者となったルターが、あえて流血をも怖れず、果敢に鉄のこぶしをふるってカトリック体制の支配を打倒した行動の人であったのとは対照的に、本質的に書斎の人であり、非行動的であったエラスムスは、いかにも弱々しく、曖昧な存在として後世の眼に映ることは否めない。すでに第I部「エラスムスとは誰か」で瞥見したとおり、エラスムスは、形骸化して、本来の原初的キリスト教を離れ、硬直状態に陥っていたカトリック体制を、もっぱら諷刺という手段によって糾弾し宗教改革の口火を切りながらも、暴力をも辞さないルター派の宗教改革運動には与しなかったために、臆病者、自己保身術に長けた優柔不断の人物として激しく攻撃され、カトリック側からは獅子身中の虫として忌み嫌われ、双方から挟撃されつづけた。日和見主義者としてのエラスムスへの不信は近代に入ってもなおやまず、前世紀には、イタリアの作家パピーニによって、

ロッテルダムのエラスムスは、臆病な偏執狂である。同胞の狂乱を指摘して得意になった結果、

彼は自分の狂気を暴露し、これを重態ならしめた。（『エラスムスの狂気』）

と断罪されさえもしたのである（渡辺一夫「エラスミスムについて」、『渡辺一夫著作集』第四巻「ルネサンス雑考」中巻（増補版）、筑摩書房、一九七七年、二七頁による。右の引用文は、同書からのものである。パピーニのこのようなエラスムス観は、渡辺氏によって見事に批判、反駁されている）。

しかし、エラスムスとは本当にそんな弱々しい、積極性に乏しい人物だったのだろうか。著者にはどうもそうは思われない。この平和の使徒が生きていた時代は、権力者たちが支配欲と領土的野心をむき出しにして、民衆の苦難をよそに、絶えず戦争を繰り返していた時代であり、加えて宗教改革の嵐の中で、同じキリスト教徒であるカトリックとプロテスタントが、苛烈な戦いを繰り広げてもいたのである。そういう状況下で必死に筆をふるって、執拗なまでに反戦主義者としての主張を繰り返し、寛容を説いて平和主義者としての信念を貫いたのが、この知的巨人であった。そこを強調しておきたい。ついでながら、カトリックとプロテスタント（ユグノー）が、フランス国内で血で血を洗う抗争を繰り広げ、互いに殺戮に走っていた時代にあって、カトリックの側に立ちながらも、宗教的寛容の必要性を説いたのが、やはり人文主義者であったモンテーニュだったことも、この際想起しておいてよかろう。狂信を排し寛容を説くその精神は、後にヴォルテールの『寛容論』（一七六三年）に受け継がれたことは、周知のとおりである。

人間として本来当たり前の行為である反戦・平和を叫ぶ声が次第にか細くなり、右翼言論人の声高な発言が日に日に勢いを増しつつある中で、やがてかき消されてしまいそうなあやうい状況にある現在のわが国では、戦争の狂気を激しく告発する強固な平和主義者としてのエラスムスの存在が改めて想起され、平和主義の古典としての『平和の訴え』も、もっと多くの人々によって広く読まれていいのではないかと思う。そもそも戦争そのものを肯定し正当化する「正義の戦争」という観念の虚偽性を暴き、その論拠を打破したのは、エラスムスにほかならない。

正しい戦争というものが仮に有り得るとしても、世界の現状を考えれば、そういう戦争が一つでも見付かるかどうか疑わしい。（『キリスト者の君主の教育』片山英男訳、『宗教改革著作集』第二巻「エラスムス」、教文館、一九八九年、三七一頁）

と、決然と言いきったのはこの人文主義者であった。「正義の戦争」という美名は今日なおまかり通っていて、戦争を正当化する最大の口実となっている。それを真っ向から否定したのは、やはり勇気ある態度として称賛に値するものだ。

戦争こそは、世の称賛を博するあらゆる行為がなされる檜舞台であり、またその源ではないでしょうか？　とは申せ、なんのためやら理由もわからぬままに、このような争いごとをおっぱじめ、その結果、双方共に得よりも損をすることになるほど、馬鹿げたことがありましょうか。（『痴愚神礼讃――ラテン語原典訳』沓掛良彦訳、中央公論新社（中公文庫）、二〇一四年、六〇頁）

戦争はまことに凶悪無慙なものですから、人間よりは野獣にふさわしく〔…〕。(同書、一八二頁)

と、痴愚女神の口を借りて、戦争という行為の愚かしさと野蛮性を説き、また当時戦争に明け暮れていた君主に向かって、

禍の因となるものは他にも多い中で、戦争こそ、この一事によって、ありとあらゆる良きものが難破するばかりでなく、同時に、ありとあらゆる悪しきものが荒波となって押し寄せてくるものだからである。その上、他の禍と異なり、戦争の傷跡は容易に消えないのである。戦争は次々に戦争を生む。とるに足らない局地戦が大戦争へと拡大し、一つの戦争が幾重にも展開し、戦争ごっこも真剣で残忍な殺戮へと変貌する。一箇所で昇った戦火の炎は近在に飛び火するばかりか、遠隔の地にまでも広がっていく。(『キリスト者の君主の教育』、三六八頁)

と説き聞かせてもいるのである。さらには平和の絶対的必要性に関しても、

平和というものが、どれほど望ましいものであり、どれほど立派で、どれほど有益なものであるか、考えてみなければならない。そして逆に、戦争については、たとえ正義の戦いであったとしても(仮に戦争に「正義の」という形容を付けることが出来るとして)、それがどれほどの危険と欺瞞に満ちたものであるか、ありとあらゆる犯罪をどれほど大群をなして引き連れてくるもの

であるか、熟考してみる必要がある。（同頁）

との断固たる主張がなされている。同様な考えは別のところでも、「〔戦争は〕それがいかに正義の戦争であろうとも、真に善良な人間は決して是認できないものです」ということばとなって表現されており、戦争というものが本質的に破壊行為そのものであり、基本的には人間による人間の大量殺戮以外のなにものでもないことを、エラスムスは繰り返し主張している。また戦争によって、利益を得るのはほんの一握りの人々であり、その犠牲者となり惨禍を蒙るのは常に民衆、庶民であることを、執拗なまでに叫びつづけたのも、この偉大な人文主義者であった。

大多数の一般民衆は、戦争を憎み、平和を悲願しています。ただ、民衆の不幸の上に呪われた栄耀栄華を貪るほんの僅かな連中だけが戦争を望んでいるにすぎません。こういう一握りの邪悪なご連中のほうが、善良な全体の意志よりも優位を占めてしまうということが、果たして正当なものかどうか、皆さん自身でとくと判断していただきたいもの。（『平和の訴え』、九六頁）

彼〔ディオクレティアヌス帝を指す〕によると、もし戦争がどうしても避けられぬというのなら、戦争の原因を造ったものの頭上に最も多くの災禍が降りかかるように、戦争が行なわれるべきだというのです。それにひきくらべ今日では、君主たちは何の危害を受けることもなく戦争をやり、指導者たちは悠々私腹を肥やしています。そして戦争には何の関係もなく、何一つその

原因を作ることもなかった農夫や大衆の頭上に、この上もなく大きな災禍が降りかかっている
のですよ。(同書、七〇頁)

との平和の女神の訴えは、ここに言われている君主を、キリスト教原理主義を奉じている大国の支配者や、狂信に駆られ、イスラム原理主義に従って破壊的な行動に走り、世界に恐怖をもたらしている勢力の指導者に読み換えれば、今日なおそのまま通用する真理にほかなるまい。エラスムスの生きた時代は、イタリアでの覇権をめぐって、教皇も加わったヨーロッパの大国が絶えず相戦い、加うるに宗教改革によってカトリックとプロテスタントが、流血をともなう熾烈な抗争を繰り広げていた時代であった。そんな状況下で、エラスムスは平和主義者としてのみずからの姿を、冥府の三途の川の渡し守カロンの口を借りて描き、

上の世界にはポリュグラフス(「多作家」の意味だが、無論ここではエラスムスその人を指す)とかいう男がいて、絶えずそのペンで戦争を批判し、平和の回復を呼びかけているんだそうな。(『対話集』二宮敬訳、渡辺一夫編『エラスムス　トマス・モア』(「世界の名著」22)、中央公論社(中公バックス)、一九八〇年所収、二七四頁)

と言わせている。確かにエラスムスは書斎の人であって、ルターのような行動の人ではなかったが、その人物にしてなお果敢に筆をふるって、戦争の狂気を告発しつづけてやむことがなかったのであ

る。彼は凄惨な現実に意識的に背を向け、「紅旗征戎吾が事に非ず」と言い放つような文学者ではなかった。そこが肝腎なところである。狂気・狂信の産物として戦争を告発し、平和を守るためにひたすらことばを用いて闘ったエラスムスの姿に、やはり感動を覚える。「人文主義の王者」として、その名が全ヨーロッパに轟いていたとはいえ、所詮は人文主義者を宮廷の飾りとなる倡優《フール》程度にしか見なしていなかった王侯の膝下で、蛮行の最たるものとして戦争を告発することは、きわめて危険で勇気の要る行為であった。名目的なものだったとはいえ、エラスムスはあの凄惨な「ローマ寇掠(Sacco di Roma)」を敢行し、絶えず戦争を繰り返していた、神聖ローマ帝国皇帝カール五世の顧問官であった。にもかかわらずエラスムスは、そのカール五世を含む好戦的な君主たちを名指しに近い形で、告発し糾弾しているのである。そう考えれば、生涯を通じて筆一本で戦争を告発し平和を呼びかけつづけたエラスムスは、決して世に言われているような日和見主義者でも非行動的な人物でもない。それは、よほど強固な信念と強靱な精神の持ち主にして、はじめてなし得ることだと思うのである。エラスムス的精神、エラスミスム(エラスムス的態度)は、その意味では弱々しげに見えながらも、実は強靭である。

本質的に非政治的精神の持ち主で行動の人ではなく、思索と観照の人であり書斎人であったエラスムスは、彼の手にした唯一の武器であることばをふりかざして、戦争の狂気を告発し平和と協調による国家・民族間の融和を説くことしかしなかった。いや言論の人であるこの人物には、それ以上のことはできなかった。反戦・平和を呼びかけるその行為は、当時の現実政治に影響を与え、民衆の苦しみをよそにし、領土的野心をむき出しにして絶えず戦争を繰り返していた権力者たちを動かすには至らなかったことは事実である。マキャヴェリとは異なり、エラスムスは現実政治への認識が乏しく、その倫理的平和主義は、確かに現実からは大きく遊離していたことは否めない。

覇権主義にとらわれて戦争へと狂奔する列強の王侯たちに向かって、ひたすら反戦・平和を呼びかけるエラスムスの声は、絶対主義的な主権国家へと向かいつつあった当時の政治的動向の中で無力だったことは事実である。諸国、列強が苛烈な抗争を繰り広げていた当時のイタリアにあって、冷徹なまでに現実を直視し、現実主義に立ってあの『君主論』を書いたマキャヴェリとは対蹠的に、エラスムスの説く反戦・平和論は現実的ではなかった。それは当時の現実的政治状況を踏まえたものにしては、あまりにも理想主義的であり、倫理的でありまた抽象的でもあった。しかし逆に言えば、それだけに今日でもなお顧みるに足るものをもっていると思うのだ。学ぶべきは、偏狭なナショナリズム、ゆえなき民族的優越感、それになによりも理性を曇らせる狂信を忌み嫌い、そこに発する一切の暴力行為を断固として否定し、その最大の発露である戦争を告発しつづけたエラスムスの精神である。それは己の一身が直接戦争の危険にさらされていないからといって、戦争の残虐性、非人間性、蛮行に目をつぶり、口を閉ざし、ひたすら身の安泰を図る怯懦とは無縁のものである。

宗教改革によって生じたカトリックとプロテスタントの激しい対立と抗争の渦中にあって、キリスト教徒同士が殺しあう愚を衝き、宗教的寛容の精神と融和を説くこの人文主義者の声に耳を傾けようとする宗教者はいなかった。狂信、狂気の徒のがむしゃらな行動力と、戦闘的なルターの万雷のごとき大音声の前にあって、エラスムスの声はあまりにもか細く、時代の狂気の中でかき消されてしまったのである。信仰の違いのゆえに、あるいはただ宗派を異にするというだけの理由で激しく憎悪しあい、内戦、戦争あるいは弾圧というような手段に訴えて、相手を抹殺しようという狂信の愚かしさを説く姿勢は、ヴォルテールに引き継がれ、もう一度繰り返されることになる。

確かに、人間性を破壊するものとしてあらゆる暴力を否定し、理性と寛容の精神による国際間の融和を説くエラスムスの平和論は、理想主義といえば理想主義である。これを現実性を欠いた書斎人の夢想として嘲笑ったり、退けたりすることは容易である。だがそういうシニカルな態度は結局は暴力の前での知性の敗北であり、それはやがて狂気と狂信への道を開くことにつながるはずである。それは知識人と呼ばれるほどの人のとるべき態度ではない。国家神道が支配し、国を挙げてウルトラ・ナショナリズムの狂気に憑かれ、日本人全体がいわば集団ヒステリーにかかっていた戦前から戦時中という時代は、日本人の本質的な知的貧困と無教養が噴出した時代だったと思う。あの時代には、日本の知識人の間には、孤立しつつもなお一貫して強固に反戦・平和を主張した、エラスムスの叡智に学ぼうという動きは見られなかった。今もなおその知的状況はさして変わっていないように思われる。あのアジア・太平洋戦争という、日本民族はじまって以来の未曾有の悲惨な体験の記憶が薄れるにつれて、いつの間にか保守化、精神の硬直化が進み、危険なノスタルジーとともに「いつか来た道」をたどる憬れがあると見える今日こそ、戦争を否定、排撃したエラスムスの叡智に学ぶべきではなかろうか。

先に述べたように、わが国の知識人はなぜかエラスムスには冷淡であるように見受けられ、多くの知識人、読書人にとって、エラスムスとは痛烈な諷刺作品『痴愚神礼讃』の著者にすぎず、もっぱら宗教改革においてルターと対立した人物としてのみ記憶されているように思われる。この大人文主義者が情熱を傾けて説いたその反戦・平和主義にしても、すぐれた邦訳があるにもかかわらず、わが国ではいまだに地球上で絶え間なく発生している国際紛争や軍事衝突、民族的・宗教的対立を論ずる人々に顧みられとりあげられて、まともに論じられている例は、寡聞にして聞かない。エラスムスに関心を抱く者の一人として、そのことがいかにも残念に思われる。エラスムスの平和論は、絶対主義への道を歩みつつあった列強が覇権主義の狂気にとらわれ、相次ぐ戦争と宗教的対立・抗争を繰り返した状況の中で生まれた、いわば時事的なものだが、その本質的な部分は時代を超えた普遍性を帯びている。その反戦・平和主義は、後世のわれわれにとっても、十分に訴えるものを秘めているというのに、である。

「戦争は戦争を生み、復讐は復讐を招く」というのが万古不易の真理である以上、われわれは平和の女神の口から語られるエラスムスの次のようなことばを、もう一度嚙み締めるべきではないか。

なぜ人間は、自分たちの幸福を確保するためよりも、自分たちを害ねるために、より多くの知恵を働かせるのでしょう？　どうして善よりも悪に目をつけるのでしょう？　大して思慮分別の深くない者でさえ、商売の取り引きを始める前には、事の軽重を計り、熟考し、注意深くすべてを検討するものですね。ところが、こと戦争となると、盲目的に猪突猛進して、戦争というものは、一度その火蓋が切られてしまうと阻止できないものだということを、考えようともしません。ほんとうに、小ぜり合いから大乱闘になり、一つの戦争が数多くの戦争に発展し、かすり傷から血の海を招くことになるのです。戦火の嵐は、一つの相手に激しく吹きつけるだけでは収まらず、いよいよ荒れ狂って遂には世界全体を捲きこんでしまうものですのにね。
（『平和の訴え』、八一頁）

熱烈な反戦・平和主義者としてのエラスムスがほとんど顧みられないわが国の文化的状況にあって、敗戦直後のあの時代に、人文主義者としてエラスムスが唱えた平和主義に深い理解と共感を示し、「エラスミスムについて」という先にふれた記念碑的な一文を生んだのが、渡辺一夫氏である。フランス・ルネッサンス研究の泰斗であり、『痴愚神礼讃』の名訳者であるばかりか、深い教養の持ち主であったこの碩学が、まさに国民を挙げて狂気・狂信にとりつかれていた戦前から敗戦に至る時代への苦い反省をこめて綴ったこの文章、「エラスミスムについて」は、今日読んでもなお感動を呼ぶ。その終わりに近い部分には、次のようなくだりがある。

そして、この大きな悲劇〔第二次世界大戦を指す〕がようやく一段落ついた現在、エラスミスムの獲得は、何よりも先になされねばならぬ人類的な責務にすらなったように見える。極めて強力な兵器が、対立する集団によって用いられ、しかもその争闘が、一二の部落や一二の国の間に止まらずに、人類全体を狂信のなかに叩きこむ危険があり得る以上、エラスミスムを今こそ守り育てぬ限り、人類の荒廃絶滅に近い状態によってしか新しい悲劇は閉じられまい。（「エラスミスムについて」、三七頁）

そしてこの一文は、今日なおわれわれの反省をうながさずにはおかない、こんなことばで結ばれている。

エラスミスムは、一人でも多くの人々で護られ育てられねばならない。さもなくば我々には虚無しか残されていないであろう。エラスミスムに限界があるとも批評される。それは複雑な現実を手っとり早く処理するためには、エラスミスムではどうにもならぬところがあるということであるらしい。しかし、エラスミスムで処理できたら、どのくらいよいか判らぬということが、皆に判ってほしいものである。エラスミスムの限界の指摘が、破壊や暴力や狂信による現実処理法を正しいとする口実となってはならぬのである。(同書、三八頁)

渡辺氏のこの文章が書かれたのは、今から六六年前の一九四八年のことである。日本人全体が狂信の徒と化して、「万邦無比の神国」などというたわけた自己陶酔に陥り、「国体明徴」などというわけのわからぬことばがのさばるさなかで、あの無謀な戦争へと突き進み、文字通り未曾有の悲惨な敗戦に至った時点から三年後に、近い過去への真摯な反省をこめて書かれた重い意味をもつことばである。稀有な碩学による、エラスムスの精神への深い理解と共感を示すこの一文は、あの悲惨な戦争の記憶が遠のきつつある今こそ、エラスムスの平和論ともども、なお繰り返し読まれるべきものではなかろうか。

第Ⅲ部
エラスムスと北方ルネッサンスの二大巨星
――往復書簡を通じて見る人文主義者の像

ギヨーム・ビュデ

トマス・モア

第一章　トマス・モア――「二人でひとつの魂をもった」男のまじわり

北方ルネッサンスの二大巨星であるエラスムスとトマス・モア(一四七八―一五三五年)はヨーロッパ文化史・文学史上稀に見るほどの、生涯にわたる固い友情で結ばれていた存在であった。「陶工は陶工を、大工は大工を憎み、乞食は乞食を、伶人は伶人を憎む」とは、ギリシアの詩人ヘシオドスのことばだが、いずれの分野においても、同業者というものはとかくライバルになりやすく、その間に真の永続的な友情は結ばれにくいもののようである。これが文系の学者同士となると、繊細で誇り高く、自負の念が強い人が多いだけに、ライバル意識がいっそう露骨となり、互いに嫉妬心を燃やして、同学の者の説にことさら異を唱えたり、折あらば相手を批判論難し、自説の優位を誇示するようなことが稀ではない。われわれはその好例を、中世哲学の一高峰たるピエール・アベラール(一〇七九―一一四二年)に見ることができる。アベラールの第一書簡「わが厄災の記」を読むと、この碩学が、その生涯を通じて、どれほど同学の人々に嫉視され攻撃されつづけたかが、綿々と綴られていて、「陶工は陶工を憎み」とは、げにも言い得たものかなとの感が深い。これから往復書簡を通じて見るエラスムスとモアにしても、前者はルフェーヴル・デタープルやエドワード・リーと、後者はジェルマン・ド・ブリとの間に、個人的な怨恨にまで発展した論争を惹き起こしており、同学同業の者同士が、友情で結ばれにくいことを、おのずと物語っている。学問の徒の守護神は学芸の神・詩神ムーサだったはずだが、その実フィロネイキア（嫉妬の女神）であったかと思わされるほどである。

文人・文学者の場合は如何と言うに、すぐれた文学者でもあった魏の文帝曹丕《そうひ》が、いみじくも「文人相軽ンズ」と述べているように、文学者同士の場合は、互いに相手の才能を認めあい、敬意をもって心からの親しい友となることは、よりむずかしいものとされてきた。著名な文学者同士が生涯にわたる固い友情を結んだ例は、必ずしも多くはない。文雅の道を歩むもの同士友情で固く結ばれたうるわしい例として、白居易と元稹《げんじん》、ペトラルカとボッカッチョ、ゲーテとシラーの熱いまじわりなどが挙げられる。

エラスムスとモアだが、北方ルネッサンスの空に輝くこの二大巨星は、およそさようなことはなく、互いに相手に信服し深い敬意をはらっていたばかりか、相手を「わが魂の半分（dimidium animae meae）」と感じるほどにまで愛しあい、打ち解けあっていた文字通りの「心友」でもあった。もっとも、欧米の研究者の中には、従来のモア像を根底から覆そうとする野心的なモア伝の著者ジョン・ガイのように、モアがエラスムスをよくは知らなかったと見なし、二人の友情は「文学的なもの」にとどまったと説いて、二人の個人的な強い結びつき、生涯にわたる友情を疑問視する人もいることは事実である。さらには浩瀚なモア伝の著者Ｒ・マリアスのように、エラスムスとモアの間には、巷間伝えられてきたような親密な関係は存在せず、生涯にわたる真摯な友情などは、その実存在しなかったと主張する学者もいるのである。本書の著者はこのような見解に与することはできないし、ガイの言うようにエラスムスとモアの友情が、単に「文学的なもの」であったとは思わない。ルネッサンス人の書簡などでは、人物月旦や相手への賛辞、挨拶などにおいて、この時代特有のレトリックや誇張表現を用いることが稀ではないから、エラスムスとモアの往復書簡にしても、そのまま額面どおりに受け取ることは危険かもしれないが、それを割り引いてもなお、二人の間には魂の強い結びつきを感じさせずにはおかないものがある。エラスムスとモアの往復書簡をはじめ、その周辺の文献や資料を探ってみた結果、著者は、やはりこの両人の間には、真摯な熱い友情が存在したとの結論を得た。その前提に立って、二人の関係がいかなるものであったか、その友情はどのような形で発露をみたのか、あらましを綴ってみたい。

これは後にもう一度ふれるが、生涯にわたる友情で固く結ばれていたエラスムスとモアには、精神的双生児とも言い得る相似たところがあって、それぞれの代表作『痴愚神礼讃』と『ユートピア』も、表裏一体をなしていると解し得るのである。両者は合せ鏡として読んでこそ、十全な理解が得られようというものだ。モアへの書簡という形で書かれた序文からわかるように、モア家に滞在中に書かれたエラスムスの『痴愚神礼讃』にしても、モアという親友の存在がなかったら、生まれることは決してなかったであろう。「まるで私が駱駝になって踊りでもするかのようにして」、モアがエラスムスにこの傑作を書かせたのだという彼のことばは、これこれの著作は誰々に強いられて書いたものだという、ルネッサンスの著作家の常套的レトリックと思われるから、額面どおりには受け取れない。とはいえ、この作品が共にルキアノス流の諷刺とユーモアを愛するこの二人の文人の緊密な結びつき、協調から出たものであることは間違いない。その意味でモアと『痴愚神礼讃』は不可分の関係にある。またモアが「われわれ〔両人〕の（nostram）」と呼んでいる『ユートピア』にしても、その成立にはエラスムスが深くかかわっていることは確かである。そればかりでなく、いち早くこの作品の真価を認め、同志でもあった人文主義者たちにこれを推奨したのも、エラスムスであった。一方、後年宗教改革の嵐が吹き荒れる中で、カトリック、プロテスタント双方から挟撃され、十字砲火を浴びて苦境にあったエラスムスを、宗教上の立場・見解の微妙な相違にもかかわらず、敢然と擁護し力強く弁護したのは、ほかならぬモアであった。それはジョン・ガイの言うような単なる「文学的友情」以上のものであったと著者は信ずる。

エラスムスとモアは文学的に深いかかわりがあるのみならず、まず人として、離れがたい終生の友人として、固く結びついていたのである。その意味からしても、わが国でモア研究のみが偏重され、エラスムス研究が等閑に付されているのはやはり穏当を欠いているというものだ。モアをいっそう深く理解するためにも、エラスムスとのかかわりにおいて、これを研究することが望まれるのである。エラスムスとモアの関係を究明して、エラスムスによってモアの世界を照らし出し、同時にモアによってエラスムスの世界を照らし出すことが、北方ルネッサンスの様相を明らかにする上で、大きな意味をもつことは疑いない。

エラスムスとモアの関係を窺おうとする者にとって、なによりも貴重なまた不可欠な資料はエラスムスの書簡、とりわけモアとの往復書簡である。この二人の関係は、書簡が交わされた初期と晩年に、それぞれ五年もの空白期間があってはっきりしない部分もあるのだが、今日われわれがそれを探ろうとするとき、なにを措いてもまず手がかりとすべきものは、エラスムスがあまたの人々と交わした書簡であって、これによりわれわれは多くを知ることができる。モアとの関係、両人の友情の軌跡をたどるためには、年を追って往復書簡を丹念に追い、さらにはこの二人を取り巻く周辺の人々の書簡を併せ読んで、この二巨人の関係を手探りすることからはじめねばならない。無論、それに際しては、両人の往復書簡以外のモアの書簡も参照しなければならないのだが、これは必ずしも容易ではない。エラスムスの場合は、アレン夫妻が長年心血をそそいで完成した全往復書簡集があるのだが、モアがその生涯においてどれほどの書簡を遺したかは明らかではなく、その書簡がイェール大学版の二一巻全集には収められていないのである。よく知られたマーテン・ドルプやさる無知無学な修道士宛の恐るべく長大な書簡、エラスムスの論敵エドワード・リー宛の書簡、オックスフォード大学への書簡といった、論文に近い内容をもつ、公開書簡的なものを除くと(これらは全集に収められている)、その全容は知りがたく、少なくともモアの著作に暗い著者には、それを探ることは、荷が重すぎる作業である。これに関しては、各種のモア伝・モア研究書に依拠し、その塁に拠って考えるほかなかった。

友情を求める男

——「わが魂の半分(dimidium animae meae)」の発見
(*ὁ φίλος ἐστὶν ἄλλος αὐτός*. Amicus alter ego est)

エラスムスの膨大な書簡のうち最もよく知られているもののひとつは、一五一九年にエラスムスが弟子であり友人でもあるフッテンの求めに応じて、アントウェルペンから書き送った書簡であろう（この有名な書簡は、澤田昭夫氏による、詳細な解説を付した邦訳がある（澤田昭夫、田村秀夫、P・ミルワード編『トマス・モアとその時代』研究社出版、一九七八年所収）。但し以下の引用文は拙訳による）。これは高名な人文主義者であったエラスムスが、もう一人の高名な人文主義者たる友人トマス・モアの人となりを、ひとつの理想的人間像として描いたもので、事実上最初のモア伝とされているものである。その一節に曰く、

彼は友情のために生まれ、創られた人物のように思われます。この上なく真摯な友情のはぐくみ手で、それの固い守り手なのです。（一五一九年七月二三日付）

このことばほど、エラスムスがその生涯の友となったモアになにを求めていたかを、端的に物語っているものはない。そしてエラスムスがモアを評して言ったこのことばは、そのままそっくりエラスムス自身にもあてはまるのである。

友人同士の真摯な友情にもまして、名誉ある、確かな、快いものを持ち得ましょうや？（同書簡）

「友情」、これこそが学問研究の鬼であり、桁外れの大学者、大著述家であり、恐るべき手紙魔でもあったこの男が、一人の生身の人間として、生涯求めつづけたものだと言っても、決して過言で

はない。『友情について』の著者キケロなどとは異なり、エラスムスは友情についてのまとまった著作こそ遺さなかったものの、人間というものは友情のために生まれ、そのために創られた存在だということを、その著作の随所で強調している。彼の名を一躍ヨーロッパ全土に高めた、かの『格言集』が、*“Τὰ τῶν φίλων κοινά”*(友人の間では、すべてのものが共通である)というギリシアの格言ではじまっていることは、その意味でまことに象徴的である。

司祭の私生児として生まれるという暗い運命を背負っていたばかりか、早く両親に死に別れ、修道院で孤独な青春を送っていた日々以来、生涯定住の地をもたず、ヨーロッパ諸国を転々と渡り歩いてその一生を送ったこの人物は、どこへ行ってもまず友情を求めた。行く先々で胸襟を開くに足る人々とのまじわりを求め、またその人々を介して新たな友人を得ることを、無上の喜びとしていたのである。その結果として、モアと同じく「友情のために生まれ、創られたと思われる」この男は、その六七年の生涯において、ヨーロッパ各地に恐るべく数多くの知人友人をもつに至った。と同時に、みずから宗教改革の種を蒔き、その渦中の人物となったおかげで、少なからぬ敵をもつことにもなり、かつての友人や弟子が、論敵、宿敵と化す悲哀をも味わう破目に陥ったことも言っておかねばならない。悲劇的な形で終わったフッテンとのかかわりがまさにそれである。

エラスムスがその生涯において交友関係にあったり、あるいは文通を通じて友誼を結んだ相手は、それこそ枚挙にいとまがない。無慮一七〇〇人にも及ぶ文通相手がいたことが、そのなによりの証拠だが、サービス精神が旺盛で愛想がよく、人を喜ばせることを得意としていたこの人物が、心の底から打ち解け、胸襟を開き、全幅の信頼を寄せていた友人つまりは心友となると、果たしてどれくらいいたのだろうか。確かに「友情を求める男」エラスムスの友人は数多く、知己となるとその数を知らない。エラスムスの文通相手としては少なからぬ著名な人文主義者たちがいるが、ギリシア・ローマ古典の研究とキリスト教信仰を統合止揚し、真のキリスト教信仰へ立ち返ろうとする立場に立つ者として、彼らは強い連帯感を抱き、保守派のスコラ神学の側からの抵抗や弾圧に一致して抗していたから、その意味では皆が同志であり友人であった。先に名を挙げたビュデ、メランヒトン、ルフェーヴル・デタープル、コレット、フィッシャー、それに言うまでもなくモアはこの範疇に入る。とはいえ、これら人文主義者のすべてがエラスムスの心友だったわけではない。

生涯友情を求めつづけたこの男が、心友と呼べるほどの、心の底から打ち解け、信服し、同時に相手からも厚い信頼を寄せられる友人たちを得たのは、まずはイギリスにおいてであった。はじめてイギリスへ渡って、その地で当時「新学問」と呼ばれていた人文主義を標榜する、テューダー朝人文主義者たちと出会ったことが、彼のその後の運命を大きく変えたのであった。と同時にこの出会いは、友情を求める男エラスムスに、ジョン・コレット、ジョン・フィッシャー、アンモニオ、それになによりもトマス・モアという得がたい生涯の友をもたらしたのである。第Ⅰ部「エラスムスとは誰か」で見たとおりエラスムスがはじめてイギリスへ渡ったのは、一四九九年のことである。彼がイギリスで得たものは多いが、なんといっても生涯を通じて最大の収穫は、ここで得た友人たちだったと言ってよい。その一人がモアであった。イギリスで得た友人のうち、エラスムスに強く感化を及ぼし、最も大きな影響を与えたのは、コレットであるが、ここはエラスムスとモアの交友、友情の跡をたどることが目的であるから、コレットとの関係については詳述しない。ではモアとの出会い、またその後のまじわりはどんなものだったろうか。

エラスムスとモアの出会い　管鮑のまじわりの端緒

エラスムスとモアの二人が相識ったのは一四九九年のことである。エラスムスは三〇歳、モアは弱冠二二歳であった。初対面ながら、エラスムスはその折のモアのきらめく才気やエスプリに感嘆し、モアもまたエラスムスのうちに、恐るべき学人と文学趣味や気質が自分と似通った人物を見出し、たちまちにして二人は意気投合し、以後肝胆相照らす仲となった。ここに管鮑《かんぽう》のまじわり、つまりは大著『エラスムスと友情』の著者Y・シャルリエ女史が、「やがて伝説となる永遠の友情」と呼ぶものがはじまったのである。つまり二人は共に、相手のうちに「わが魂の半分(dimidium animae meae)」を見出したのであった。イギリス法曹界の大立て者を父にもつ名門の御曹司と、司祭の私生児として生まれ、暗い経歴をもつ貧乏書生という、生まれも育ちもまったく異なる二人であった。その上、年齢もまた一〇歳近く開きがあったにもかかわらず、モアとエラスムスが生涯にわたる友情を結ぶほどに、たちまちにして強く惹かれあったのは、一見不思議なほどである。「友情を求める男」エラスムスと、「友情のために生まれ、創られた」と彼の眼に映じたモアとが、相手の中に自分と双生児のように思われる存在を見出したのが、その大きな理由であろう。フィットフォードは彼ら二人を評して、「世のいかなる双生児も、その心性、性格、外見、また目指すところにおいて、この両人ほど似た者はいない」と常々言っていた。二人をよく知るラティマーも、エラスムス宛の書簡で、モアの知性の高さと、ことをなすに当たってのその機敏さや精力的なところに感嘆しつつ、「要するに、彼はなんとあなた御自身に似ているのでしょう」(一五一七年一月三〇日付)とのことばを吐いている。共にギリシア・ローマの古典を熱愛し、軽妙で辛辣な諷刺をこととするルキアノスを格別に愛読するなど、文学上の趣味が一致していたばかりか、ユーモア精神にあふれ、冗談を言っては人を笑わせるのを好むといった性格上の相似た点も、二人の距離を一気に縮めたものと思われる。両人とも相手のうちに己の半身を見出したのである。つまりは北方ルネッサンスの二大巨星であるこの二人の卓越した人文主義者は、精神的な双生児と言ってもよいところがあり、その魂の固い結びつきは、ヨーロッパ文化史上まさに稀有のものだったと言ってよい。

この二人の出会いに関しては、こんな伝説がある。モアとことばを交わしたエラスムスがその才気煥発に感嘆して、思わず「あなたはモアであるか、さもなくば何者でもない(Aut tu es Morus aut nullus)」と叫ぶと、すかさずモアがそれに応じてこう叫んだというのである。「あなたはエラスムスであるか、さもなくば悪魔だ(Aut tu es Erasmus aut Diabolus)」。言うまでもなく、これは二人の才人の絶妙な出会いをおもしろく伝えようとした後人の創作だろうが、そんな伝説が生まれるほど、エラスムスとモアが、即座に相手の才気や人柄を見抜いて、互いに相手に感服し、これを賛美したことはほぼ確実である。モアとの出会いがあったあとで、エラスムスがパリにいるラテン語の弟子ロバート・フィッシャーに書き送った手紙では、イギリスで知りあった人文主義者たちの学問を絶賛するとともに、モアについては、次のように彼を称えているのである。

トマス・モアの天性にもまして温順で、やさしく、幸福なるものを、かつて自然が造ったことがあったでしょうか？（一四九九年一二月五日付）

またエラスムスは一五二九年になってから、知人ボッツハイムに宛てた書簡でも、

トマス・モア、何世紀にもわたって、彼ほど誠実で、純真で、友誼に厚く、心根のよい人物は、天の下にかつて一人たりともおりませんでした。（八月一三日付）

と言って、その人柄を絶賛している。このようなことばだけを引くと、エラスムスはもっぱらモアの人格的な面に強く惹かれていたかのような印象を与えるかもしれないが、無論コレットが「イギリスでただ一人の天才」と称えたモアの学識にも、エラスムスは感服していた。エラスムスの書簡にしばしば見られる、「学殖深きことこの上ない（doctissimus）モア」という形容が、それを物語っている。

このような理想的な人間像としてのモアの姿は、二人の出会いから二〇年後の一五一九年に書かれたフッテン宛の名高い書簡でも、より敷衍した形で繰り返されているが、そのこと自体が、エラスムスが一〇歳ほど年若いこの友人にどれほど信服し、また愛着を感じていたかを、如実に物語っていると言えるだろう。「モア小伝」というよりは「モア素描」とも言うべきこの長文の書簡は、並外れて教養高く、有能、温和、献身的かつ愉快で機知に富む理想的な人物としてのモアの人間像

を、温かい筆使いで見事に描き出している。これはモアの実像というよりは、理想化されたルネッサンスの人間像を描いたものだとされているが、そこには、長年培われた友情から発する心友モアへの賛嘆の念がにじみ出ており、ひとつの見事な肖像画となっていることに、誰も異は唱えまい。

これひとつをとっても、先にその名を挙げたアメリカの学者Ｒ・マリアスが唱える、エラスムスとモアの間には真摯な熱い友情などは存在しなかったという異説には、与しがたいのである。最初のイギリス滞在中に、エラスムスはコレットやその他の人文主義者のみならず、モアとごく親しくまじわり、モアの手引きによって、後にヘンリー八世となる、まだ八歳だったヘンリー王子に引き会わせられたりもしている。エラスムスがパリへ去るまでの半年ほどの最初のイギリス滞在を大いに楽しみ、異様なまでにイギリスを賛美した背景には、新たな友を思うモアの心づくしが大きく作用したものと思われる。エラスムスはイギリスを出国する際に、ドーヴァーの税関で虎の子の二〇ポンドを没収されるという、世にも不快な思いをさせられたのだが、モアをはじめとするイギリスの友人たちとのまじわりの温かい思い出が、その不快な思いや恨みにもまして強かったのであろう。

エラスムスが二度目にイギリスを訪れたのは六年後の一五〇五年のことだが、この折はバックラーズベリのモア邸に滞在している。新婚まもないモア夫妻が久しぶりのエラスムスの来訪を喜び、温かく迎えたことは、想像にかたくない。これはモアが鍾愛した長女マーガレットが誕生した年でもあり、やがて彼女が長ずるに及んで、すぐれた学才を発揮するようになると、エラスムスはその才をめでて、彼女との文通を通じて、彼女を励ましたり褒めちぎったりもするようになるのである。この折のイギリス滞在は半年ほどのものであったが、注目すべきことは、エラスムスがモアと二人で、両人がともに愛読措くあたわざるものとしていたルキアノスの対話集から、好むところの作品を選んでラテン語訳していることである。ギリシア語学習に関しては、モアのほうが先んじていたはずであるが、エラスムスはパリへ戻って以来異常なまでの努力を傾注してこれに熟達し、ルキアノスの軽妙洒脱で気の利いたギリシア語を、楽々とラテン語に翻訳するほどにもなっていたのである。エラスムスとモアの友情の産物であるこの共訳は翌年パリで出版され、その後幾度か版を重ねた。ルキアノスを共訳している間、二人は愛するルキアノスの作風を論じたり、作品解釈に関する意見交換をしたことであろう。ヘレニズム時代に生きた、痛烈な諷刺で知られるこのシリア人ヘレニストの作風は、エラスムスの作品『痴愚神礼讃』、『対話集』に色濃く影を落としているが、モアの『ユートピア』にもその影響は認められる。

エラスムスが三年あまりのイタリア遊学を終えて、三度目にイギリスを訪れたのは、ヘンリー八世が即位した一五〇九年のことである。この折のイギリス滞在は五年あまりの長きにわたるのだが、特筆すべきことは、イタリアからイギリスへ渡って早々、再びモア家の客となったエラスムスが、そこで彼の代表作である『痴愚神礼讃』を執筆していることである。「痴愚女神(Moria)」礼讃であると同時に、地口としての「モア礼讃」の意をも併せもつこのルキアノス風の傑作が、ほかならぬモアに捧げられていることは周知のとおりである。モアへの書簡の形で書かれたその序文によれば、これはイタリアからイギリスへの旅路の過程で、モアという名前から作品の着想を得て生まれたものだという。彼がこの傑作をわずか数日間かそこらで書き上げたというのは、いささか誇張であろうし、例のフッテン宛の書簡でこの作品に言及して、「まるで私が駱駝になって踊りでもするかのようにして、『痴愚神礼讃』を書かせたのも彼なのです」と言っていることばも、額面どおりには受け取れない。ともあれかつてルキアノスを共訳したモアという親しい友人の存在が、この作品誕生の大きな契機となっていることだけは、疑いを容れないところだ。この作品が、腐敗したカトリックの病弊や、不毛なスコラ神学などを痛烈に批判し諷刺しているところから、反撃や誹謗中傷を食らうことを予期したエラスムスは、序文で、次のように請うている。

　このささやかな作文を大兄の友人を**記念スルモノ**として、快く受け取ってくださるだけでなく、弁護する役目もお引き受けくださるものと思います。(『痴愚神礼讃――ラテン語原典訳』沓掛良彦訳、中央公論新社(中公文庫)、二〇一四年、一五頁)

モアは友人の期待に応えて、やがて『痴愚神礼讃』や『対話集』が異端の匂いがする危険な書としてカトリック側から排撃されると、熱心にこれを擁護する役目を果たすのである。R・マリアスは、モアが、カトリックの腐敗や形式的な典礼尊重を諷刺し嘲笑した、軽薄な『痴愚神礼讃』のような作品を捧げられたことに腹を立て、エラスムスに冷淡になったのかもしれないと説いているが、この説は採れない。若い頃に修道院入りを真剣に考えたモアは、確かに最後まで忠実なカトリックであり、エラスムスが嘲笑したスコラ神学や典礼をも重んじていたとはいえ、彼もまた堕落しきったカトリックの病弊を衝くことに異存はなかったはずである。そのモアが、『痴愚神礼讃』の真の狙いを読み誤って、エラスムスに不快感を抱いたとは信じがたいし、それによって以後この友人に冷淡になったとも思えないのである。交友がはじまってから一五一六年までの間に生じた、文通上の「空白の五年間」の問題はあるにしても、エラスムスはケンブリッジ滞在中の三年間に、しばしばロンドンへ出て、モア家の客となっている。「ケンブリッジは絶望の沼です」ともらしたほど、その地で心楽しまぬ陰鬱な日々を送っていたエラスムスにとって、ロンドンへ出て、モア自身をはじめ一家の人々と親しくまじわることは、大きな慰めだったに相違ない。モア自身は言うまでもなく、家族ぐるみで「エラスムスおじさん」を温かく迎えたのであろう。トマス・モアはイギリスにおける女子教育の先覚者であって、長女マーガレットをはじめとする娘たちに、男子に劣らぬ高度な教育を授けたことでも知られているが、エラスムスはそのさまを親しく見聞し、ギヨーム・ビュデ宛の書簡で、大いにこれを称えてもいるのである。もっとも、やがてモア家にもエラスムスをあまり歓迎しない人物が登場する。モアが最初の妻ジェーンを亡くした後で一五一一年に再婚した、モア自身のことばによれば「若くもなく美しくもない」アリス夫人がそれである。エラスムスは彼女を苦手としていた。彼女はラテン語を話せず、話が通じなかったし、夫や家族がラテン語でエラスムスと談笑しているときも、それに加われなかったせいでもある。エラスムスがフィッシャーの招きに応じ、モア家を去ってケンブリッジへ赴いたのは、彼女がモア家の人となった直後のことである。

アリス夫人のことはともかく、Y・シャルリエが説いているように、エラスムスがモアの一家とともに過ごした日々は、彼の生涯のうちでも、幸福なものだったに相違ない。なぜなら、後にエラスムスは、すでにウィリアム・ローパーの妻になっていた二四歳のマーガレット宛の書簡で、モアの家で過ごした幸福な時間を回想し、心からなつかしんでいるからである。ここからしてもやはり、マリアスが推測しているように、モアがエラスムスに冷たくなり、両人の友情が冷え込んで、結局真の友情と言えるほどのものは存在しなかったとする説には従えないのである。それに事実そうだとしたら、一五一六年から頻繁になった、親しい友人同士でなければあり得ない、心のこもった腹蔵のない書簡のやりとりをどう説明すればいいと言うのか。

ちなみに、エラスムスは一五一七年に教皇からの特別許可状を貰うために短期間イギリスを訪れたのを最後に、以後イギリスへ渡ることはなかったが、一五二〇年、モアが外交使節としてヘンリー八世に随行してきた折に、フランスのカレーで彼と会っている。これは、相手を「わが魂の半分」と観じた二人の最後の出会いとなった。

驚異の年とそれに続く頻繁な書簡の来往

エラスムスとモアの書簡のやりとりは、一五一六年から二〇年までの間に集中しており、全五〇通の書簡のうち、なんと三九通を占めている。二人の本格的な文通がはじまった一五一六年は、エラスムスにとってもモアにとっても“annus mirabilis”（驚異の年）であった。この頃エラスムスはすでに版を重ねるごとに膨れ上がっていったベストセラー『格言集』や、ヨーロッパ全土に彼の名をさらに高からしめた『痴愚神礼讃』をはじめとするいくつかの著書で名声赫々、その名が隠れもなき大学者、大文人としてあまねく知られていたが、この年に、積年の労々辛苦の結晶である『校訂

版 新約聖書』をついに世に送ったのである。一方モアはと言えば、『リチャード三世史』などの著作はすでに上梓していたものの、まだ汎ヨーロッパ的な名声を得るほどの作品は世に問うていなかった。だがこの年についに、彼の名を一挙にヨーロッパに知らしめることとなった『ユートピア』を書き上げ、エラスムスの尽力によって、それがルーヴァンで出版されたのである。この作品が傑作であることを、原稿の段階でいち早く見抜いてこれを激賞したのは、二人の友人でもあったカスバート・タンスタルだが、エラスムスもまたその真価を認めこれを高く評価して、友人ピーテル・ヒレスとともにその編集にあたり、これを世に出す労を惜しまなかった。モアもまたエラスムスを信頼して、最初の印刷・出版のすべてをこの友人にゆだねたのである。この作品は、モア自身が最初ラテン語で“Nusquama”(どこにもない国)と名づけていたのを、ギリシア語で“Utopia”と改めたのも、エラスムスの創意によるものである。友人のこの作品に関して、エラスムスがそれ以上の関与をしたかどうかは明らかではないが、J・H・ヘクスターは、モアがこの作品の完成原稿とともにエラスムスに送った書簡において、この作品が「われわれの(*nostram*)」という言葉を冠せられていることに着目して、エラスムスがこの作品の創造に関して、単なる編集以上の積極的な役割を果たしていたと見ているが、その確証はない。E・M・G・ラウスが言っているように、エラスムスは自身の流麗そのもののラテン語に比べると、モアのラテン語はいささか労苦の跡を見せていることに気づいていたから、あるいは多少文体の手直しをしたり、磨きをかけたりしたのかもしれない。しかしそれも推測の域を出ない。肝腎なことは、モアの代表作であり、『痴愚神礼讃』と合せ鏡のような性格をもつこの傑作が、エラスムスの編集によって、また彼の尽力によって世に出たということである。これまた二人の友情の発露であり、その証として記憶しておいてよい。さらには、不本意ながら廷臣として宮仕えをすることになった旨を報じたモアの書簡への返信において、彼がヘンリー八世の強い要請によって「宮廷へ引きずり込まれてしまった」ことを、自分にとっても文芸にとってもモアというものが失われたことを意味するとして嘆いている行間にも、エラスムスが、文人モアの将来を気遣う心情があふれているのが感じられる。

エラスムスとモアの往復書簡を通覧していると、眼を惹くことがふたつある。ひとつはほかでもない、この時期には両人とも、同じ人文主義者仲間でありかつては友人でもあった人物を相手に、抜き差しならぬところまで発展した論争を構えていたということである。エラスムスはパリ時代の友人で、古典学者、聖書学者として知られたルフェーヴル・デタープルと聖書の字句解釈をめぐって厄介な論争にはまりこんでいた（これに関しては渡辺一夫氏の『フランス・ユマニスムの成立』岩波書店〈岩波全書〉、一九七六年の中の一章「エラスムスとルフェーヴル・デタープル」に、その考察がある）。と同時に、これまた聖書の本文をめぐって、モアの友人であり、後にヨークの大司教となったエドワード・リーを相手に論争を繰り広げ、論争が昂じて怨恨にまで立ち至ってもいたのである。一方モアはモアで、エラスムスの知己であるフランスの人文主義者、ジェルマン・ド・ブリを相手に、この人物が英仏戦争の折にラテン語で書いた「コルディゲラ号」という史詩をめぐって激しい論争を展開し、これまたかなり険悪な関係となっていた（この一件に関しては、エラスムス宛のモアの恐ろしく長大な書簡と、これに応えたエラスムスの書簡がある）。エラスムス、モア両人は、共に論争相手の非を鳴らし、憤懣や怨恨、思いの丈を存分にぶちまけているのが見られる。これはこの二人が心を許しあった仲であり、相手に全幅の信頼を置いていればこその行為であろう。この男なら間違いなく自分の正当性を認めてくれるはずだという確信が、このような信頼感に満ちた腹蔵のないやりとりを生んだのである。ここにも、エラスムスとモアという二人の大人文主義者の友情の証が読み取れるのである。この腹蔵のないやりとりは、同じ人文主義者同士でありながら、友情を謳うギヨーム・ビュデとの往復書簡が、真の親密さを感じさせない、「文学的な」ものであることと、好対照をなしている。

エラスムスとモアの友情を証拠立てるこの往復書簡で、もうひとつ眼を惹くのは、宗教改革の火の手が上がって以来、その種を蒔いた張本人と目されながら、旗幟鮮明にせず、慎重かつ曖昧な立場を取りつづけていたエラスムスが、ルーヴァンで保守派の神学者たちの攻撃にさらされていたことを、モアに伝えた書簡があるということである。これは広く知られた事実だが、宗教改革が進むにつれて、日和見主義者、二股膏薬と見られたエラスムスは、ルターをはじめとする一派から激しい攻撃を受けると同時に、カトリックの病弊や堕落を指摘しつづけたがために、こちら側からも異端の匂いのする危険人物として攻撃され、前後から十字砲火を浴びて、苦境に立たされていた。たとえば、エラスムスの親しい友人であったマーテン・ドルプは、エラスムスが『痴愚神礼讃』で堕落したカトリックの聖職者や黴の生えたスコラ神学を辛辣に諷刺したことを、軽率で赦すべからざるものとして批判、糾弾した。さらには、エラスムスが聖書研究の成果として、神聖視されていたウルガタ訳聖書の、ギリシア語原典との乖離を明らかにしたことをも非難したのであった。それに加えて、さる無知無学な修道士が、エラスムスの全著作のみならず、エラスムスの人格や人間そのものに対しても、猛烈な誹謗中傷を加えるというようなことも起こり、宗教改革の「卵を産んだ」男は、なんとも苦しい状況に置かれていたのである。

このような状況で、カトリック体制をあくまで擁護するモアは、信仰上の問題においてはエラスムスとは微妙に見解を異にしながらも、敢然と筆をふるって、この友人を擁護したのである。全集本で六〇頁にも及ぶ恐ろしく長大なドルプ宛の書簡も、五〇頁にあまるこれまた長大な修道士宛の書簡も、偏狭なカトリックの側からのエラスムスへの批判、攻撃に対して、委曲を尽くし、長広舌をふるって、この異国の友を擁護したものである。モアはまたエラスムスに論争を挑み、攻撃をしかけていた友人であるリーに対しても、これをたしなめる書簡を送っている。カトリックとプロテスタント双方から攻撃されていたエラスムスにしてみれば、高名な人文主義者であり、神学の学殖も豊かなこの友人による弁護、援護射撃は、まことに心強かったに相違ない。われわれがこれらの書簡に見るものは、この時期のエラスムスとモアの固い結びつきであり、友情である。モアこそはコレットとともに、エラスムスが最も心を許していた友人であった。その点から見ても、二人の書簡は、モアの誠実さとエラスムスとの友誼の厚さを感じさせずにはおかないものであり、大きな意味をになっている。

一五二一年以後　晩年の二人の関係

これまで見てきたように、エラスムスとモアが頻繁に書簡をやりとりしていた期間は、一五一六年から二〇年までの五年間に集中しており、その間の二人の関係や動向はこれによって窺うことができるのだが、それ以後のことはいささか漠然としていて、必ずしも明らかではない。エラスムスとモアの書簡の来往は、後半再び五年ほどの空白期間を生じており、その後の書簡の来往も、一五二一年から三三年までの間にはわずか八通しかないからである。書簡の来往が稀になった理由は、いろいろと考えられる。いずれにしても最晩年の二人の関係は、G・マルカドゥールの年譜『トマス・モアの世界』の最後の部分である「エラスムスとトマス・モア」によって、推察するほかない。晩年の往復書簡が途絶えがちになった理由について、渡辺一夫氏は次のように述べておられる。

これは、モーアがイギリス政府の最高位の激職にあったために、十分な余暇がなかった結果だとも考えられるし、責任ある地位にあったモーアが、自分の書簡がエラスムスの手に渡る前に開封されて、エラスムスだけにならば心おきなく伝えられるはずの意見が悪意ある人々によって読まれ且つ悪用されることを恐れたためだったろうとも言われている。

更にまた、宗教改革運動渦中におけるエラスムスとモーアとは、旧教会の自己粛清という点では一致していても、新教の運動にたいしては、若干異るところがあったことも、二人の精神的交流に、なんらかの影をなげかけたのではないかと思われる節もある。（「デシデリウス・エラスムスとトマス・モーア」、『渡辺一夫著作集』第四巻「ルネサンス雑考」中巻（増補版）、筑摩書房、一九七七年、八五―八六頁）

これは正鵠を射た見解だと思うが、敢えて言えば後者の事情、つまりは宗教改革が激化するにつれて、二人の宗教的信念の微妙な差異が次第に明らかになったことが、それまでのような真摯で開けっぴろげな意見交換や、人物月旦といったものをやりにくくし、書簡の往来を遠慮させる結果を招いたのではなかろうか。宗教上の立場がやや異なる上に、片やイギリス大法官、片や神聖ローマ帝国皇帝顧問官にして知らぬ者なき「人文主義の王者」となれば、そう軽々に書簡を通じて率直な意見を交わすこともできなかったであろう。宗教上の見解の相違ゆえに、旧知の友の間に疎隔が生じたとまでは行かなくとも、双方が置かれた立場ゆえに、以前よりは疎遠になったことは否めない。キャサリン王妃との離婚問題をめぐってヘンリー八世とモアの間に確執が生じ、さらにはローマ教皇庁からの独立に関する問題で、モアが苦しい立場にあることを聞き知ったエラスムスは、両者をよく知っていただけに、彼に書簡を送ることはためらわれたのであろう。罪を着せられてロンドン塔に幽閉されてからモアが書いた書簡には、エラスムス宛のものはなかったし、処刑に先立っての訣別のことばを送った相手の中にも、エラスムスは入っていないのである。

しかしこれをもってただちに、三〇年以上にもわたる交友関係を結んでいた二人の友情が最後には破綻したと断定するのは早計であろう。その立場上以前ほどには親しく書簡を交わすことこそできなくなっていたとはいえ、エラスムスは心の底で常にモアを想い、モアもまたエラスムスを想っていたに相違ない。モアが投獄されたと聞いたエラスムスは、諸方の友人たちへの書簡の中で、しきりにモアの安否を気遣う様子を見せている。

御存じのとおり、イギリスで最も学識深い三人の人々、ストウクスリー、フィッシャー、それに私の最良の友人であるトマス・モアが入獄しているのです。（一五三四年八月三〇日付、ギー・モリヨン宛）

といったことばの端々からも、暴君と化したヘンリー八世の犠牲となり、悲惨な境遇へと突き落とされたモアの身の上を心配し、焦慮するエラスムスの声は聞き取れよう。モアと同じく親友であったフィッシャーが、大逆罪の廉をもって処刑されたとの悲報に続き、一五三五年七月、モアも同罪によってタワー・ヒルで斬首され、五八歳の生涯を終えた。それを伝え聞いたエラスムスは、その折の激しい衝撃と悲歎を、クラクフの司教トミツキ宛の書簡で、次のように述べている。

イギリスのロチェスターの司教とトマス・モアの身に起こったことは、お送りした手紙でご承知のことと思います。イギリスはかつて一度たりとも、この二人にもまして聖なる、また善良な士を有したことがありませんでした。モアが死んで、私自身が消えてしまったような気がしていいます。ピタゴラス流に言えば、私たちはまさにさほどにまで**ヒトツノ魂**(*μία ψυχή*)だったのです。（一五三五年八月二〇日付）

エラスムスのこの悲痛なことばに嘘はない。モアと二人で「**ヒトツノ魂**」だったエラスムスは、「わが魂の半分(dimidium animae meae)」を失った悲歎にくれつつ、モアの死からちょうど一年後、その後を追うようにして世を去ったのである。享年六七歳。

モアの没後まもなく、エラスムスがスタディオンに書き送った書簡に見られる次のようなことばは、亡き友を思うエラスムスの気持ちがいかほどのものであったかを、おのずと物語ってはいまいか。

トマス・モア、彼こそは〔イングランド〕王国の最高の司法の人であり、その心はいかなる雪よりも純白でありました。これにも優る天性を、イギリスはかつて一度たりとももったことはなく、今後ももつことはないでありましょう。(一五三五年八月六日付)

かくて北方ルネッサンスの空に輝いた二大巨星は姿を消したが、その後には、ヨーロッパ文化史・文学史上稀に見るうるわしい、国境を越えた文人同士の珠玉の友情の軌跡が遺され、称えられ、語り継がれることとなったのである。

第二章　ギヨーム・ビュデ——奇妙な友情または闘技場《アレーナ》での闘い

エラスムスとその親友トマス・モアとの友情の軌跡は、不十分ながら前章でたどってみた。次に、モアとの友情とは大いに性質を異にするが、当時の人文主義者同士の知的交流という意味で、はなはだ興味深いギヨーム・ビュデとのかかわりを眺めてみよう。

「友情を求める男」エラスムスが、主に書簡の往復を通じて交友関係をもった人々は多数に上るが、彼がその生涯において結んだ主要な文人・学者との交友関係のうち、重要なもののひとつが、ギヨーム・ビュデとの「友情」である。「フランスのエラスムス」と呼ばれるギヨーム・ビュデ（一四六八―一五四〇年）は、現在フランスの権威ある古典叢書「ビュデ版(Collection Budé)」の総タイトルにもなっている、大古典学者・ギリシア学者であるが、エラスムスとこの人物の間に、約一二年間にわたって、もっぱら書簡の来往のみによる一種不可思議な「友情」が存在したのである。『エラスムスと友情』の著者であるY・シャルリエ女史が「奇妙な友情」と皮肉を込めて呼んでいるこの二人の関係は、モアやコレットとの間の、温かくまた熱い友情と比べると、というよりもエラスムスが他の文人たちと結んだ交友関係に比しても、確かになんとも独特な、一種異様な屈折に富んだものであったと言うほかない。

モアとの友情の跡を追った前章で述べたように、「文人相軽ンズ」で、文人・文学者同士の友情はなかなかに成り立ちにくいもののようである。エラスムスと「フランスのエラスムス」ビュデとの関係は、まさしくその文人同士のあやうい友情の好例だと言える。この二人の関係は、とかく人文学という同学に携わる人々を襲いがちな嫉妬心や優越感、劣等感といったものを完全に抜き去った純粋な友情というものが、文人・学者の間ではいかに成り立ちにくいかを、如実に物語っているように思われる。

さてこの二人の高名な人文主義者の交友は、突然の書簡の往復にはじまり、文通が途絶えると同時に消滅したところに、その特徴がある。つまりは生身の人間として親しくまじわり、その性格や人となりを知った上でのモアとの友情などとは異なり、「友情」とは言っても、互いに相手の名声に惹かれての、また書簡を通じてのみの、「奇妙な」友情だったのである。シャルリエ女史は、この二人が一六世紀の初頭にすでに相識っていたことは確かだが、交友関係はなかったと説いている。なるほど若き日のエラスムスは、パリで悪名高いモンテーギュ学寮で学んでいるし、その後もパリへしばしば赴き、ビュデを介して、これも卓越した人文主義者で聖書学者でもあったルフェーヴル・デタープルとも友人になっているから、ビュデとの個人的な接触があった可能性は否定できない。シャルリエ女史は「確か」だというが、その証拠があるわけではなく、二人がパリで相識っていたとしても、どの程度の仲だったのかもわからない。一度も相まみえることがなかったとは言わないが、親しくことばを交わし、互いにその人柄、性格を知った上で築かれた友情でないことは、それこそ「確か」である。つまり双方とも高名な文人・学者となってから、ルーヴァンとパリの間で、それも書簡によってやや唐突な感じで、しかし熱烈と見える様子ではじまり、やがて感情のもつれから亀裂を生じて次第に冷え込み、疎遠になって自然消滅に至ったのが、この一〇年あまりにわたる紙上の「友情」であった。互いにあまりにも強い自尊心と誇りとをかけての知的アゴーン(闘い、競演)に倦み疲れて、あるいはそれが重荷となって、自然消滅という形を迎えたのである。なんとも奇妙な、幾重にも屈折した、しかしよく考えればそもそもが成り立ちがたい「友情」だったと言うほかない。

この紙の上だけ、ことばだけで結ばれていた「友情」は、その実態をつぶさに見れば、まさに書簡を通じての知力の鍔迫りあいであり、学殖を誇示しあう知的な競いあいにほかならない。過度の謙遜や相手への大仰な賛辞にくるまれてはいても、一種知的決闘の趣がある。ビュデの師であり、共通の友人であったルフェーヴル・デタープルを挟んで、この両人が知力のかぎりを尽くして、しばしば毒や棘を含んだことばを、慇懃な賛辞という真綿にくるんで投げあったり、ギリシア語・ラテン語の卓越した技量を誇示しつつ、丁々発止と切り結ぶさまは、興味深いといえば興味深い。だが同時に、互いに恐ろしく誇り高くまた傷つきやすいこの両人が、内心相互に抱いているとしか思われない優越感を押し隠して、大仰な賛辞を捧げあったりしているさまは、その実まさに「陶工は陶工を憎む」の類で、この「友情」なからましかばの感なしとしないのである。

ほぼ同年齢(一歳違い)でもあったこの二人の知的巨人が、熱い友情と互いへの深い畏敬の念を装いつつ、ことばの上で、激しくもあやうい鍔迫りあいをおこなったのは、学問上のライバルだったからであり、また互いに人文主義者としての名声を競いあう立場にあったからである。と同時に、一面においてこの二人は、ギリシア語研究を異端視して排撃し、露骨な攻撃を加えてくる、旧套墨守のスコラ学者たちに対抗して、「よき学問」を擁護して戦う人文主義者として、手を組む同志でもあった。ビュデに関しては、わが国では知られているところが少ないので、この人物について簡略にふれておきたい。

ギヨーム・ビュデは、一六世紀のフランスが生んだエティエンヌ・ドレ、ジャック・ルフェーヴル・デタープル、ロベール・ガガン、ルイ・ド・ベルカンといった傑出した古典学者たちの中でも一際大きく輝く巨星であって、経済史の端緒となったと言われる『古代貨幣考』、ギリシア学者としての最大の業績である『ギリシア語考』などを生んだ偉大なヘレニストであり、頑迷で保守的、反動的であったパリ大学神学部に抗して、フランスにおける人文主義の推進と強化のために力を尽くした人物であった。人文主義者・古典学者としてのビュデの名は広くヨーロッパに轟いており、知名度こそエラスムスに及ばなかったものの、その堅実にして重厚な学風によって知られた碩学であった。エラスムスとの関係において考えると、この最後の点、つまりは学風ないしは著作というものに対する両者の考え方の相違が、少なからぬ意味をもつのである。人文主義者・古典学者であると同時に、ジャーナリストとしての貌をもち、『校訂版 新約聖書』を世に問うような真に学問的な仕事をするかたわら、諷刺作品から、ギリシア古典のラテン語訳、入門書、教科書、教育論、結婚論に至るまで、ありとあらゆる著作を、洪水のように書きまくり、それと並行して膨大な書簡を諸方に書き送ったのが、エラスムスという人物であった。これに対して、あくまで学者としての姿勢を崩すことなく、数こそ多くはないが、厳密に学問的で精緻な著作だけを、慎重に生み出したのが、ビュデという学者であった。ビュデもまた往復書簡集を遺しているが、文通の相手はほとんどが学問的志を同じくする人文主義者であって、全集本に収められているのは、ラテン語書簡が九〇通、ギリシア語書簡が五〇通ほどで、エラスムスの三〇分の一程度にすぎない。しかもエラスムス宛のものを除くと、長文のものは比較的少ないのである。信じがたいほど多くの人々を相手に、膨大な書簡を「濫作」したエラスムスに比べると、書簡においても慎重にことばを選んで一句一句彫琢を凝らし、措辞を磨き上げて書かれたのが、ビュデの書簡であることがわかる。ともに古典学者として令名ある存在であり、ラテン語は言うに及ばずギリシア語の達人でもあったこの二人だが、その学問に対する態度、著作への姿勢は、対蹠的だったと言ってよい。この資質の違い、学問や著作に関する姿勢の相違が、やがて両者の書簡を通じての「友情」に、破綻をもたらすひとつの要因ともなったのである。

さてこの二人の大碩学の往復書簡をたどってみると、エラスムスと「フランスのエラスムス」との、緊張をはらみ、ついには壊れるべくして壊れた「友情」の軌跡が見えてくる。先に述べたとおり、両者の往復書簡は、まさにことばでの「アゴーン」にほかなるまい。書簡という闘技場《アレーナ》に降り立って、超一流の文人・学者としてその名を謳われていた二人の知的巨人が、ギリシア・ラテン語を自在に駆使して、自負と誇りをかけて、文筆家としての技量を披瀝ないしは誇示しあっているのである。大論文にも匹敵する長大な書簡を送り、賛辞を乱発するかと思えば、相手の隙を狙って執拗に論難し、互いに修辞のかぎりを尽くして紙上で切り結ぶそのさまは奇観、いや偉観でさえある。相手に最大級のおおげさな賛辞を捧げて褒め上げつつ、天まで持ち上げるかと思えば、その裏で自分のほうが学者・文筆家として上であることを示そうとして、卓越した古典語の文章力を誇示しあっているさまは、アゴーンとしか言いようがない。

古典学者として高名であったこの両人の書簡を読んで驚嘆させられることのひとつは、ラテン語は言うまでもなく、ギリシア語をも自在に駆使し得る能力を備えていたことである。二人とも実に見事な、完璧なギリシア語を書いている。ビュデは母語であるフランス語よりもラテン語に巧みで、ギリシア語はさらに巧みだとされており、デモステネスもかくやと思われるほどのギリシア語が綴れたのである。ビザンティン帝国からの亡命ギリシア人学者からギリシア語を学ぶことができたイタリアの人文主義者とは違って、エラスムスもビュデもほとんど独学でギリシア語を習得したことを思えば、ルネッサンスの人文主義者たちの語学能力には、驚嘆せざるを得ない。

さてルーヴァンに在ったエラスムスとパリ在住のビュデが、文通に入ったのは、一五一六年五月のことである。第Ⅰ部「エラスムスとは誰か」で見たとおり、この年はエラスムスにとって「驚異の年」であって、『校訂版 新約聖書』の刊行によって、聖書学者・神学者としての名声を不動のものとしたのであった。すでに『痴愚神礼讃』や『格言集』によってヨーロッパ全土に知られ、名声を得ていたが、新約聖書を公にしたことで、その名はいっそう輝かしいものとなった。一方ビュデはその前年に、これも古代学者としての彼の名声を確立した『古代貨幣考』を世に問うていたから、両人ともに鬱然たる古代学の大家、高名な人文主義者として、はじめて書簡を交わすこととなったのである。このときエラスムスは四七歳、ビュデは四八歳であった。最初に書簡を送って、友情を求めたのは、エラスムスのほうである。エラスムスがこの年上梓した『校訂版 新約聖書』を贈り、併せて書簡をも書き送って、ビュデがその厚意に熱烈に応えたのが発端であった。エラスムスのこの書簡は伝わっていないが、それに応えたビュデの書簡(一五一六年五月一日付)から、それが尻がこそばゆくなるような大仰な賛辞を連ねた、ビュデの学識への絶賛であったことがわかる。

親しきビュデ殿、私が貴台の栄光をどれほどすばらしいものと思い、その学識の深さにどれほどの賛嘆の声をはなっているか、貴台には想像もつきますまい。

というような調子ではじまり(この書簡の冒頭の部分は、ビュデがそのまま返信で引いているので、それがいかなるものだったか、ビュデの返信から推察できる)、ビュデを讃えた書簡が、このフランスの碩学の自尊心をくすぐり、有頂天にさせたことは想像にかたくない。なにしろヨーロッパ全土にその名が轟き、諸国の王侯さえもがその前にひれ伏さんばかりの「人文主義の王者」のほうから、辞を低くして友情を求めてきたのである。エラスムスは『校訂版 新約聖書』の注解の中で、ビュデの学識に対する熱狂的な賛辞を長々と書き連ねていたから、これを受け取ったビュデは感激したに相違ない。ビュデは早速筆を執り、得意のギリシア語とラテン語とをつきまぜて、エラスムスへの傾倒を吐露した、これまた熱烈な調子の長文の書簡を送って、エラスムスの意向に応えた。すると翌月には、アントウェルペンにいたエラスムスから、これを上回るビュデへの賛辞にあふれた、『校訂版 新約聖書』改版の折には、ぜひとも学識あるビュデの教えを請いたいとの、卑屈とさえ見える謙虚な書簡が届いた。ここに両人は固い友情を約束し、友人として、互いの著作に関する忌憚のない批判者となる約束を交わしたのである。よく考えるまでもなく、プライドが高く、傷つきやすい文人・学者にとって、これほどあやうい取り決めはない。

かくて高名な学者二人の間に「友情」が生まれたことになり、これからしばらくの間、これでもかと言わんばかりに相手を讃え、持ち上げ、かつ己の学識が相手に遠く及ばぬことを謙虚に嘆いてみせつつ、ギリシア語、ラテン語の技量と華美を競いあうという、称賛合戦の幕が切って落とされるのである。しかし書簡を通じてのこの「友情」は、そもそものはじめからして、小さな、しかしエラスムスの繊細な心と自尊心を傷つけずにはおかない、棘を含んでいたのである。ことの起こりは、ビュデが最初の書簡で、エラスムスがせっかくの才能を、「ツマラヌ些事(*λεπτολογήματα*)」に費やしているのが不思議でならぬ、と述べたことにあった。ビュデとしては、エラスムスの才能を惜しんで、濫作をやめ、より学問的な著作に専念するように忠告したつもりであったろうが、これがジャーナリストでもあったエラスムスのカンにひどくさわったらしいのである。ビュデの「忠告」は、知名度こそエラスムスには及ばないものの、真に学問的な著作のみ生み出している自分のほうが学者としては上だという、ビュデの隠れた優越感が、はしなくも吐露されたものと見てよかろう。最初は寛大に受け流したものの、以後エラスムスが執拗にこの話題にこだわり幾度か蒸し返したので、ついにはビュデが癇癪を起こして、このほんの小さな亀裂が広がり、二人の仲は一時は険悪となって、やがてはビュデの側からの絶縁宣言にまで立ち至るのである。

しかしそこに至るまでには、まだまだ紆余曲折がある。ともあれ、書簡を通じての二人の「友情」は、最初は順調に滑り出したかに見え、文面からすると互いに謙虚そのものの、しかしよく読むとチラチラと皮肉をまじえた相手への賛辞が、あふれるがごとく双方の筆の下からほとばしり出るのである。エラスムスが「いとも学殖深きビュデ」を、「いかなる批判を加えようもない貴台の才能は、私のごとき者にはとても量り得ないことは、夙《つと》に自覚しております」。以下、「フランスはこれまで貴台の記念碑的な天才に比すべきものを、なにひとつ生み出してこなかったとは、私の自覚するところです」(一五一六年五月二八日付)と持ち上げると、ビュデは、「親しきエラスムス、わがエラスムス、いやわれらがエラスムス」を、「その栄光でわれらすべての同時代人を凌駕しておられる」(一五一六年七月七日付)と絶賛するなど、その称賛合戦は大仰そのもので、胸糞が悪くなるほどである。両人が人文主義者としての誇りと面子をかけ、相手を圧倒しようとして、ギリシア語・ラテン語の書き手としての腕前を披瀝しているところがまあ見ものだが、最初からどこか不自然で緊張感をはらみ、妙に屈折し、感情のもつれが透けて見えるのが、この往復書簡なのである。二人がともに相手の学殖、学才を認めあうのはいいが、それが互いの才能、学風を比較するところまでいくとなると、これはあやうい。ビュデが最初にそれをやらかして、エラスムスを刺激したのは無用のわざであった。そもそも互いに高名であるばかりか、学問上の自負心にかけてもいずれ劣らず、しかもその一方が諷刺精神の権化で皮肉屋として知られ、病的にまで繊細で、傷つきやすい神経の持主であるエラスムスとあっては、ことがただですむはずがない。「互いの著作に関する忌憚のない批判者」となることを約束した「友情」なぞ、はじめから期待するほうが無理というものであろう。果たせるかな、まもなく、つまり文通二年目の一五一七年には、両人の関係に早くも暗雲が兆すこととなる。

謙譲において双方ゆずらぬこの二人の関係に亀裂が生じ、相手への不信が芽生えて、書簡が大仰な称賛合戦から、激しいことばのやりとりへと変貌していく一因は、エラスムスをフランスへ招聘しようとの、フランス王の意向に発するものであった。側近の人文主義者たちの進言を容れて、フランソワ一世は「王立教授団(Lecteurs royaux)」の創設を図り、令名あるエラスムスを招聘して、その長たらしめんとしたのである。その仲介役を仰せつかったのがビュデであったが、三顧の礼を尽くしたフランス王の招聘に対して、エラスムスは遁辞を弄し、言を左右にして態度を明らかにせず、最後にはこれを拒絶したのであった。おかげでビュデは面目を失したのである。

これをより具体的に言えば、諸国の王侯やヨーロッパ各地の大学からの招聘がひきもきらぬ「人文主義の王者」をフランスに招いて、文化国家としてのフランスに華を添えその威光を輝かせようというのが、フランソワ一世の意図するところであった。ビュデはその名高いエラスムスを招聘すべく、みずからも熱心に王にはたらきかけ、進言し、「友人」であるこの人物を招こうと一五一七年に書簡を送ったのである。その書簡で、名声赫々たるエラスムスを、国王が学林の長として招聘したいと熱望していることを熱を帯びた調子で伝え、王の意向を受け入れて欲しいと、熱心に慫慂したのであった。これに対するエラスムスの返書はそっけないもので、自分としては当面は決めかねると曖昧な返事をしており、なんとも煮えきらない態度に出た。後の宗教改革におけるルターとの論争においてもそうであったが、なにごとであれ優柔不断で、容易には結論を下せぬままに、狐疑逡巡するのが、エラスムスという男なのである。その根底には、あからさまに拒絶したりして友人を傷つけたりしたくないとの、この男ならではの配慮があったことは疑いない。そんなエラスムスの態度に一縷の望みをつないだのであろうか、ビュデはなおもあきらめず、重ねて書簡を送って、決意をうながしたが、これに対する返事はなかった。ビュデが招聘に関するエラスムスの返書を得たのは、ようやく翌年の二月に入ってからのことであったが、結局はさんざん待たせ、じらせた挙句の拒絶であった。

両人の間に感情のもつれを生ぜしめ、そもそもからして胸襟を開いてはいなかったこの二人の仲を次第に冷たいものへと追い込んだ第二の要因は、聖書の字句をめぐるエラスムスとルフェーヴル・デタープルの論争と、そこから派生した確執であることは、間違いない。全ヨーロッパの知識人の関心を惹いた論争の経緯については渡辺一夫氏の名著『フランス・ユマニスムの成立』(岩波書店(岩波全書)、一九七六年)で詳しく説かれているので、ここではふれない。当面われわれの関心はビュデにあるからだ。「友人」エラスムスと、同国人であり、志を同じくする人文主義者であるルフェーヴルとの間に立たされたビュデは、エラスムスに寛容であれと説いて、論争から怨恨にまで発展したこの事件を円く収めようと努めたが、これはうまくいかず、ビュデの努力は無駄に終わった。それればかりか、ルフェーヴルの非を鳴らして、怒りの矛先を自分にまで向けたエラスムスに対して、ビュデはついに堪忍袋の緒を切らせ、一五一八年一〇月末には絶縁状を叩きつけて、文通を絶つことを宣言したのであった。文通をはじめて二年少々の頃のことである。

ビュデが送ったこの絶縁状は、それまで密かに自分の優越性を信じつつも、それを謙遜で包み隠してエラスムスとわたりあってきたこの人物が、ついにその本音を吐いたものと見てよい。そもそもエラスムスとの文通がはじまった当初から、ビュデには、ことさらにギリシア語・ラテン語の才能を誇示し、古典学者としては自分のほうがすぐれていることを暗々裏にほのめかすところが見えていた。この時点までは、それを異様なまでの謙虚の衣裳に包み、ひたすら相手への大仰な賛辞や称揚のことばで覆い隠していただけの話である。自分も骨折った、フランス国王による招聘という栄誉ものらりくらりとかわした挙句に拒絶し、その上ルフェーヴルの肩をもっているとして、自分に矛先を向けたエラスムスに対して、ついに癇癪玉を破裂させたのである。

ビュデから絶縁状を叩きつけられて、さすがのエラスムスも、動揺、動転したらしい。早速ビュデに書簡を送って、ビュデの絶縁宣言を「冗談」として受け取ったと言いなし、今後もずっと友人でありたいと懇望したのであった。延々一五頁にも及ぶその長大な書簡たるや、中世の書簡文作法(ars dictaminis)のいかなる模範文も遠く及ばぬほどのものであって、書簡文学者としてのエラスムスが、そのもてる文才のすべてを傾けたかの観がある。「謙譲のトポス」からはじまって、かくも高名な学者を相手に文通できることの栄誉と幸福を言い、ルフェーヴルとの論争の件での弁解を縷々述べ、聖書解釈をめぐってエドワード・リーに嚙みつかれていることの苦衷を訴えるなど、まさに修辞の極致を示し、ことばのかぎりを尽くして、ビュデの心を動かそうとしているのが、ありありと読み取れるのである。フランス王の招聘を断ったのも、「誰にも仕えず、万人のために役立つ人間でありたいからなのです」などと、苦しい言い訳をしている。この書簡は、ビュデ宛のものとしては珍しく全文ほとんどラテン語で書かれているが、ギリシア語の才を誇示するよりもビュデの心を動かし、翻意させようとして、心血をそそいでこれを綴ったエラスムスとしては、心情を伝えるためには、母語にも等しいラテン語を用いるほかなかったのであろう。

この書簡には見逃せない一節があって、それがエラスムスがビュデとの「友情」を保ちつづけることを熱望した理由を、はしなくも物語っているかに思われる。

私の著作は、私が死ぬと同時に、あるいはそれに先立って死ぬでしょう。でも後世の人々は、かつてこの世にエラスムスとやらがいて、かの偉大なビュデが、この男を嫌っていたわけでも、軽蔑しきっていたわけでもないことを口にするでありましょう。(一五一八年一二月一二日付)

というのが、書簡を通じての「友情」が続くことを求めた理由なのであった。つまりは、知名度こそ自分には及ばぬものの、人文主義者・古典学者として令名のあったビュデとの往復書簡を世に遺すことこそが、エラスムスが「友情」を求めた真の動機だったのである。ビュデのほうもまたそれに先立って、両人の文通がはじまった一五一六年の書簡の一節で、

私としては、われわれ両名が頻繁に書簡を取り交わすことによって、われわれの友情がいかほどのものであったかを、多くの人々に喧伝し、知らしめることこそが、われら両人にとって重要だと思っております。(原文ギリシア語)(一五一六年一一月二六日付)

と書き送っている。なんのことはない、両人とも、高名な人文主義者同士友情で結ばれ、親しく書簡を交わしていたということを、後世に広く伝えることが目的で文通していたのである。書簡文と

しての修辞のかぎりを尽くしたエラスムスの弁解はくどくどしいが、その中でもやんわりとビュデに対する恨みを述べ、例によって真綿にくるんだ棘で、ビュデの弱点をちくちくと突いている。かと思えば、ビュデが自分の仕事にケチをつけたのがわからぬとこぼし、自分は確かに多作家でビュデよりも著作の数こそ多いが、文章はより下手だし、ビュデの著作こそは不滅だなどと持ち上げ、大仰に褒め上げてもいるのである。ビュデが自分を論難したことに苦情を言い、それも友人のことゆえ腹も立たぬ、などと言いつくろって、今後はもうひねくれた物言いなどはお互いにやめにして、詩女神《ムーサ》にふさわしい話題だけを語ることにしようではないか、などと提案しているのが眼を惹く。

これを受けたビュデの態度がまた大仰であり派手である。エラスムスからラテン語の書簡を受け取って激しく心を動かされ、悲喜こもごもの感情を味わった様子を、華麗な措辞を存分に駆使して言いたて、エラスムスの提案に賛成して、友情の法則を守ると約束しているのである。ビュデはこの書簡で、自分がエラスムスについてあれこれ言ったのは、それと気づかぬままに心に忍び込んでいたフィロネイキア（嫉妬の女神）に煽られての行為であったかもしれないと正直に認めているが、それをエラスムスに負けまいとして、より巧緻なギリシア語で言いたてているところが、なんとも皮肉である。というよりは、ビュデの書簡そのものが、その本質において結局は知的アゴーンにほかならないことを、はしなくも露呈していると言うべきか。少なくともこの書簡から感じられるのは、真の友情の存続を願う真摯にして率直な気持ちよりも、やはり彼の言うフィロネイキアの姿が透けて見えるのである。

エラスムスに対する返書（一五一九年二月一日付）でビュデは自分の非を認めて赦しを請い、エラスムスこそが真の友であると確信しているなどと言ってはいるが、その物言いはどこか不自然で、作為的なものを感じさせずにはおかないところがある。所詮は華麗なギリシア語の修辞の裏に隠した、ことばの上だけでの「友情」の印と見るのは、この大碩学に対して酷にすぎるであろうか。これでもまだ足りぬと思ったのか、ビュデは引きつづき一五一九年三月に今度はギリシア語とラテン語をつきまぜた書簡を送り、やや激しい調子でエラスムスの理解を求め、自分たちの仲が壊れたのではなく、ただ友情というものを、拙劣かつ無思慮にあつかったのかもしれぬなどとも述べて、二人の「友情」の存続を訴えている（この書簡はエラスムスが返書を書くまでは彼のもとに届かなかった）。エラスムスが先の書簡への返書を送ったのは、一五一九年の三月のことだが、それはビュデの書簡に真っ向から応えたものではなく、意図的になにかをずらしたような、しかもどこか非難めいた調子のものであった。このこと自体が、書簡の上だけで、互いの自尊心と矜持の上に築かれていた脆くはかない「友情」が、もはや終焉に近いことを暗示していたと言ってよい。果たせるかな、先に述べたとおり、二人の書簡のやりとりはみるみる減り、間遠くなって、かろうじて年に一度にも足らぬ細々と続いていた文通も、一五二八年にはついに途絶えてしまうのである。

かくてエラスムスと「フランスのエラスムス」ことギヨーム・ビュデとの、およそ一二年に及ぶ奇妙な、屈折した「友情」は終わった。考えてみれば、これはそもそもが不自然な、ねじれた「友情」であった。旧套墨守、頑迷固陋なスコラ学の徒に対しては、人文主義者として手を組んで闘う連帯意識はあったにせよ、それ以上に、ともに高名な文人・学者として、文通によっても後世に名を遺したいとの願望によってはじまった「友情」であるところに、そもそも無理があったのである。

いずれ劣らず人文主義者としての学殖を自負し、人一倍誇り高く自尊心も強い二人が、もっぱら互いの名声に惹かれて「友情」を求めあったのであるから、その書簡のやりとりがおのずと「知の競演」、「知の決闘」の様相を呈したのも、必然の成り行きだったのかもしれない。ほとんど神経戦とも言える、ことばの上での激しい鍔迫りあいが生んだ、過度の緊張感と重圧とが、ついに二人の「友情」に破綻をもたらしたのだと、言ってもよかろう。いずれにしても、みずからがしつらえた書簡という闘技場《アレーナ》における、二人の知的巨人によるアゴーンは、かくてなんとも尻すぼみな形で終わったのである。詩女神《ムーサ》にふさわしいことのみを語ろうにも、フィロネイキアの呪縛が強すぎて、その支配下から逃れ得なかったところに、紙の上での、この「友情」がはかなくも消滅した原因があった。「陶工は陶工を憎む」の一例だが、虎は死んでも皮を残し、文学者は死んでも作品を遺す。ルネッサンスの巨星である人文主義者二人が、あの世に旅立ってからすでに久しいが、その「友情」の軌跡である往復書簡は残った。それによって、われわれは当時の人文主義者同士のまじわりがどのようなものであったか、その一端を窺い見ることができる。書簡を通じて見るエラスムスとモアとの熱い友情と比べてみると、強い連帯感で結ばれていたはずの人文主義者同士の関係もまた、一筋縄ではいかない、複雑なものであることを知るのである。

エピローグ

われわれの前に立つエラスムス

逝去前年に描かれた，木版による
エラスムスの肖像画（ホルバイン作）

これまでわれわれは実にさまざまな容貌をもつエラスムスという人物を、もっぱら人文主義者としての側面に光を当てて、その横顔を窺ってきた。「人文主義の王者」としてのエラスムス像を描き得たとは言えないまでも、これで、従来わが国では宗教改革における立役者の一人としてのみ記憶、想起され、最後は悲劇的なまでの無理解と失意のうちに世を去ったこの稀有の大碩学の、知られることの少なかった貌を、この国の読者の前に多少は示せたかと思う。しかしこれだけではおよそ十分ではない。エラスムスはもっと広く知られ、読まれねばならない。

今日のわれわれにとって、一六世紀のヨーロッパに生きた一人の知的巨人を知ることは、どういう意味をもつであろうか。

まず言えることは、ルネッサンスとりわけ北方ルネッサンスの精神世界、知的状況を知る上で、エラスムスは不可欠の存在だということである。ヨーロッパ文明・ヨーロッパ文化というものがなおも学ぶべきものであるとするならば、そのヨーロッパの知的世界に劇的とも言える大きな変革をもたらし、その後の飛躍的な発展を招いたルネッサンスの意義は、いくら強調してもしすぎることはない。エラスムスは北方ルネッサンスを動かした人物であり、その象徴的存在でもあった。一五世紀のイタリア・ルネッサンスに続いて、フランス、イギリス、ネーデルラントなどにまで波及した一六世紀のいわゆる北方ルネッサンスは、幾多の傑出した人物を生んだが、エラスムスがその文学的盟友トマス・モアとともに、この北方ルネッサンスをになった二大巨星であることは、これまでに説いたとおりである。宗教改革の時代でもあった激動の時代を生きて知的世界に君臨し、一六世紀を「エラスムスの世紀」とまで言わしめたこの人文主義の王者が、同時代に及ぼした影響力は計り知れないものがある。近代以後のラテン語教育の衰退によって、その影響力は著しく減少したが、それでもなお、その主要な著作は、同じ世紀を生きたモンテーニュ、ラブレー、ルター、マキャヴェリ、シェークスピア、トマス・モアなどといった傑出した知的巨人たちの作品と並んで古典としての位置を占めている。エラスムスを知ることは、一六世紀というヨーロッパ史上の一大変革期の知的・精神的世界の様相や状況を知り、これを理解する上での、ひとつの重要な鍵であることを言っておきたい。

だがわれわれ今日の読者にとって、エラスムスを知ることの意味は、単に過去のヨーロッパを知ることだけに尽きるものではないはずである。名が広く知られているわりに実際には読まれることが少なく、またその生涯を貫いていた信念や精神が理解されているとも言いがたいこの国において、エラスムスの著作がわれわれにはたらきかけるものがあるとすれば、それはエラスミスムによってであろう。人類が痴愚女神の支配から脱し、狂気や狂信と無縁の存在にならないかぎりは、エラスムス的叡智が無用のものとなることはない。人間というものをとらえ支配している愚かさ、迷妄を明るみに出すと同時に、人文主義に基盤を置く反狂信、寛容、非暴力の精神に貫かれているのがエラスミスムにほかならないからである。彼が生きていた時代のみならずいつの世にも人間社会を支配する愚かしさ、痴愚を仮借なく暴いて覚醒をうながすにとどまらず、徹底した狂信の敵であるエラスムスは、時代を支配するあらゆる形での狂信とそこから発する暴力を激しく憎み、忌み嫌い、狂信と暴力を地上から排除し一掃すべきことを叫びつづけた人物であった。あくまで人間の理性に信を置き、狂信と暴力、力による支配に代えて、啓蒙が進んで知性が君臨することを夢見たエラスムスの主張は、彼の生きた当時においても、確かに非力であった。狂信に対するに新たな狂信をもって応じる愚を衝き、ひたすらに宗教上の寛容を説くその態度や姿勢は、獅子吼しつつ鉄のこぶしをふるって宗教改革運動に猛進するルターや、カルヴァンの前にはあまりにも弱々しく無力であった。また彼は骨の髄からの反戦・平和主義者として、戦争という無益にして最大の暴力を激しく憎み、平和を呼びかけ、執拗に反戦の声を上げたが、それもまた領土的野心に燃える当時の君主たちの現実の力を前にしては無力であり、戦塵の中でかき消されてしまった。だからといって、このような人文主義を根幹とするエラスミスムが発した声を、非力で非現実的だとして嘲笑し抹殺してはなるまい。なぜならそれは人類の理性の声、良心の声だからである。そういう声を無視し圧殺する力が大勢を占める時代は、不信と狂気そして不寛容が支配的となる時代である。われわれは謙虚にエラスムスの説くところに耳を傾けるべきではなかろうか。

エラスムスの生きた時代は、確かに痴愚女神の支配する時代であったろう。だが二一世紀を迎えたわれわれの時代とて、どうして痴愚女神に無縁であり得ようか。衆愚の結果として権力を握った愚かな権力者や政治家、民衆の労苦をよそに利権をあさる利権屋集団と化した官僚、三百代言的無責任な言辞を弄して民衆を煽る言論家、権力者におもねる御用学者などをはじめとして、痴愚女神のおかげを蒙っている人間は、現代社会にもあまた見られるではないか。滑稽千万なことに、エラスムスの時代とさして変わらず、法王庁さえもどうやらいまだ痴愚女神の支配下にあるらしい。痴愚女神に踊らされている人間たちの愚かさを仮借なく暴き立て、これを笑いのめしたエラスムスの諷刺は、彼の生きた時代だけに終わるものではない。それは時代を超えた普遍性をもつものであって、現代にも痴愚女神の口を借りて笑われねばならぬ人間があまたいる以上、エラスムスは読まれねばならない。

それに加えて、不穏なことに、狂信と宗教的不寛容が世界に暗い影を投げかけている。世界平和を脅かしているイスラム原理主義やキリスト教原理主義が勢いを増し、異教徒異民族を抹殺するためなら、大量殺戮の兵器使用をも辞さぬ姿勢を示す権力者がいるかと思えば、領土的野心をむき出しにして他国を恫喝する大国の指導者もおり、それに呼応しての、愛国主義に名を借りた新たなナショナリズムの狂気が頭をもたげつつあるのが昨今の状況である。エラスムス不倶戴天の敵である狂信と不寛容がまたしても世界を覆いつつあるこの世界で、狂信を排し、寛容を説き、非暴力を唱え、戦争の狂気を糾弾したエラスムスの存在は、改めて見直されてよいと思う。

最後にひとつ付言するならば、エラスムスという人物は、学問に専心する人々の間ではもはや失われた人間像を体現していて、そのこと自体によって、われわれにある種の反省をもたらしているようにも思われる。先にも述べたように、エラスムスはその創造的活動が、芸術から自然科学、工学にまで広範囲に及んだレオナルド・ダ・ヴィンチのようなルネッサンス的「万能の人、普遍人（uomo universale）」ではなく、その膨大な著作活動が文学や人文科学に限られていたから、敢えて言えば「普遍的文人」とでも言うべき存在であった。とはいえ、その分野における多方面にわたる関心と実に広範囲に及ぶ著作活動は、学問研究の細分化、専門化の進んだわれわれ現代の人間を驚倒させずにはおかないものがある。それはもはや現代では失われた、広く知を求める人間の姿を示している。

スペインの思想家オルテガ・イ・ガセットが名著『大衆の反逆』（一九二九年）でその危険性を指摘していることだが、一九世紀以来ひとつの特定科学だけしか知らず、その科学のうちでも自分が研究しているごく小さな部分しか知らない人間が、世界の知的指導権を握ったという事実がある。このような知の細分化、学問研究の極度の専門化は人文科学においても今や支配的であり、「自分が専門的に研究している狭い領域以外のことにはまったく通じていないことを美徳だと公言し、総合的知識に関心を示すことをディレッタンティズムと呼ぶに至った」のが現代の知的状況であろう。汎《あまね》く知を求めるエラスムスの態度・姿勢はこれとは対極に立つものである。エラスムス的な八宗兼学、博学無双の百科全書的知識の追求は、確かに現代の知的状況にはそぐわないものかもしれない。人文科学においても、そうである。だが極度に知の細分化、専門化が進み、誰もが自分の狭い専門領域に閉じこもり、そこに跼蹐《きょくせき》して、周囲のことも全体像も見えなくなるというのは、やはり危険なことではあるまいか。ことにも人文科学においてはそうである。それはオルテガ・イ・ガセットが指摘し、危惧した「専門主義の野蛮性」につながることになる。オルテガの言う「無教養な」専門家にならぬためにも、生涯をかけて汎く知の世界を追求し逍遥したエラスムスの姿勢から、われわれの学ぶべきことはあると言えるだろう。

いずれにせよ、エラスムスは今なおわれわれの前に立ち、語りかけているのである。

文献案内

エラスムスへの案内

・エラスムスをこれから読もうとする読者のために、これまでに邦訳された作品を掲げておく。

『愚神礼讃』池田薫訳、白水社、一九四〇年。
――エラスムスの邦訳として先駆的な訳業であるが、一七八〇年にバーゼルで刊行されたティボー・ド・ラヴォーによる仏訳を底本とした翻訳で、原典との乖離やずれが大きい。入手困難でもあり、現在では歴史的な意義をもつのみであろう。

『痴愚神礼讃』渡辺一夫訳、河出書房、一九五二年。のち、岩波書店(岩波文庫)、一九五四年。
――河出書房版は絶版、岩波文庫版は品切れ。この渡辺訳に二宮敬氏が手を加えたものが次の版である。

『痴愚神礼讃』渡辺一夫・二宮敬訳、渡辺一夫編『エラスムス　トマス・モア』(「世界の名著」17)、中央公論社、一九六九年所収。のち、渡辺一夫編『エラスムス　トマス・モア』(「世界の名著」22)、中央公論社(中公バックス)、一九八〇年所収。のち、『痴愚神礼讃』中央公論新社(中公クラシックス)、二〇〇六年。
――ピエール・ド・ノラックによる仏訳を底本とし、ラテン語原典を参照してなされた翻訳。名訳である。

『痴愚礼讃』大出晁訳、慶應義塾大学出版会、二〇〇四年。
――ラテン語原典からの翻訳であるが、数多くの誤読、誤訳が随所に見られ、意味不明な箇所も少なくない。この翻訳によってエラスムスを正しく知ることはできない。

『痴愚神礼讃――ラテン語原典訳』沓掛良彦訳、中央公論新社(中公文庫)、二〇一四年。
――ラテン語原典からの最も新しい翻訳。本書執筆後になされた翻訳である。

『対話集』二宮敬訳、渡辺一夫編『エラスムス　トマス・モア』(「世界の名著」17)、中央公論社、一九六九年所収。のち、渡辺一夫編『エラスムス　トマス・モア』(「世界の名著」22)、中央公論社(中公バックス)、一九八〇年所収。

『平和の訴え』箕輪三郎訳、岩波書店（岩波文庫）、一九六一年。

――現在は品切れであるが、古書として入手可能。二宮敬氏による懇切な訳注と行き届いた解説は、エラスムスの思想を知る上で、きわめて有用である。

二宮敬『エラスムス』（「人類の知的遺産」23）、講談社、一九八四年。

――エラスムスの著作のうち『学習計画』、『パラクレシス』、『戦争は体験しない者にこそ快し』（いずれも月村辰雄訳）を収める。本書のⅠ「エラスムスその日その日――時代の中のエラスムス」は、エラスムスの詳細な年譜で、エラスムスの生涯をたどる上で、欠かせぬ労作である。

『宗教改革著作集』第二巻「エラスムス」、教文館、一九八九年。

――『エンキリディオン』（『キリスト教兵士提要』）、「ヴォルツ宛の手紙――エンキリディオン第二版への序文」（共に金子晴勇訳）、「新約聖書序文」（木ノ脇悦郎訳）、『キリスト者の君主の教育』（片山英男訳）を収める。

『評論「自由意志」』山内宣訳、聖文舎、一九七七年。

『エラスムス教育論』中城進訳、二瓶社、一九九四年。

『天国から締め出されたローマ法王の話』木ノ脇悦郎編訳、新教出版社、二〇一〇年。

――『天国から締め出されたローマ法王の話』、「悪魔祓い、あるいは幻影」を収める。

・研究文献等は、次項「テクスト及び参考文献」を参照されたい。なおエラスムスの主要な著作をラテン語原典で読もうとする読者にとっては次の八巻選集が便利である。ドイツ語対訳版。

Erasmus von Rotterdam, *Ausgewählte Schriften*, 8 Bände, herausgegeben von Werner Welzig, Darmstadt: Wissenschaftliche Buchgesellschaft, 1967-75.

・フランス語を得手とする読者にとっては、次の一二〇〇頁を越える選文集が手頃である。冒頭の「エラスムス辞典」はエラスムスを知るのに役に立つ。
Erasme: Eloge de la folie, Adages, Colloques, Réflexions sur l'art, l'éducation, la religion, la guerre, la philosophie, Correspondance, édition établie par Claude Blum, André Godin, Jean-Claude Margolin et Daniel Ménager, Paris: R. Laffont (Bouquins), 1992.

テクスト及び参考文献

以下本書を執筆するに際して参照したテクスト及び参考文献を、必ずしも刊行年代順にではなく、利用参照した重要度に応じて掲げる。これはエラスムス及びトマス・モアに関する包括的な文献案内ではなく、あくまで著者が手許において参照した文献のみである。

・エラスムスの作品テクスト

Opera omnia Desiderii Erasmi Roterodami: recognita et adnotatione critica instructa notisque illustrata, Amsterdam: North-Holland, 1969-.
——右のＡＳＤ版のうち参照したのは、『痴愚神礼讃』、『対話集』、『格言集』それにルキアノス、エウリピデスなどの翻訳を収めた巻のみであって、他の作品に関しては、前掲の八巻選集と以下の個別の作品のテクストを利用した。
Erasmo, *Stultitiae laus*, introducción nueva traducción y notas de Oliveri Nortes Valls, Barcelona: Bosch, 1976.
Erasme, *Eloge de la Folie*, traduction par Pierre de Nolhac, Paris: Garnier-Flammarion, 1964.
Erasmo da Rotterdam, *Elogio della Follia*, Torino: Einaudi, 1997.
Erasmus, *Praise of Folly: And, Letter to Martin Dorp, 1515*, translated by Betty Radice, Harmondsworth: Penguin, 1971.
The Colloquies of Erasmus, translated by Craig R. Thompson, Chicago: The University of Chicago Press,

1965.

Erasme, Dulce bellum inexpertis, texte édité et traduit par Yvonne Remy et René Dunil-Marquebreuque, Berchem-Bruxelles: Revue d'études latines, 1953.

Opus Epistolarum Des. Erasmi Roterodami, denuo recognitum et auctum per P. S. Allen et H. M. Allen, Oxonii: in typographeo Clarendoniano, 1906–58.

La Correspondance d'Erasme et de Guillaume Budé, traduction intégrale, annotations et index biographique par Marie-Madeleine de La Garanderie, Paris: Vrin, 1967.

Erasme de Rotterdam et Thomas More, *Correspondance*, traduction, introduction et notes par Germain Marc'hadour et Roland Galibois, Sherbrooke: Editions de l'Université de Sherbrooke (Centre d'études de la Renaissance), 1985.

Erasmus and Fisher: Their Correspondence, 1511–1524, éd. par Jean Rouschausse, Paris: Vrin, 1968.

Erasme, *Enchiridion Militis Christiani*, introduction et traduction par A.-J. Festugière, Paris: Vrin, 1971.

・エラスムスに関する参考文献

Preserved Smith, *Erasmus: A Study of His Life, Ideals, and Place in History*, New York: Dover, 1962.

Roland H. Bainton, *Erasmus of Christendom*, New York: Crossroad, 1969（R・H・ベイントン『エラスムス』出村彰訳、日本基督教団出版局、一九七一年）。

Cornelius Augustijn, *Erasmus von Rotterdam: Leben-Werk-Wirkung*, München: C. H. Beck, 1986.

Léon-E. Halkin, *Erasme parmi nous*, Paris: Fayard, 1987.

Richard J. Schoeck, *Erasmus of Europe: The Prince of Humanists, 1501–1536*, Edinburgh: Edinburgh University Press, 1993.

Lisa Jardine, *Erasmus, Man of Letters: The Construction of Charisma in Print*, Princeton: Princeton University Press, 1993.

Colloquia erasmiana turonensia, Paris: Vrin, 1972.
Erika Rummel, *Erasmus as a Translator of the Classics*, Toronto: University of Toronto Press, 1985.
Jacques Chomarat, *Grammaire et rhétorique chez Erasme*, Paris: Les Belles Lettres, 1981.
Yvonne Charlier, *Erasme et l'amitié, d'après sa correspondance*, Paris: Les Belles Lettres, 1977.
James D. Tracy, *Erasmus, the Growth of a Mind*, Genève: Droz, 1972.
Bruce Mansfield, *Man on His Own: Interpretations of Erasmus, c1750–1920*, Toronto: University of Toronto Press, 1992.
Erasmus und Europa: Vorträge, herausgegeben von August Buck, Wiesbaden: Harrassowitz, 1988.
Joseph Burney Trapp, *Erasmus, Colet, and More: The Early Tudor Humanists and Their Books*, London: British Library, 1991.
Twentieth Century Interpretations of the Praise of Folly: A Collection of Critical Essays, edited by Kathleen Williams, Englewood Cliffs, New Jersey: Prentice-Hall, 1969.
Geraldine Thompson, *Under Pretext of Praise: Satiric Mode in Erasmus' Fiction*, Toronto: University of Toronto Press, 1973.
Franz Bierlaire, *La familia d'Erasme: contribution à l'histoire de l'humanisme*, Paris: Vrin, 1968.
Rudolf Pfeiffer, *History of Classical Scholarship from the Beginnings to the End of the Hellenistic Age*, Oxford: Clarendon Press, 1968.
ジョルジュ・デュアメル『文学の宿命』渡辺一夫訳、創元社、一九四〇年。
栗原福也編訳『エラスムス——ヨーロッパ人文主義の先駆者』(「世界を創った人びと」12)、平凡社、一九七九年。
シュテファン・ツヴァイク『エラスムスの勝利と悲劇』内垣啓一・藤本淳雄・猿田悳訳、『ツヴァイク全集』第一三巻、みすず書房、一九六五年所収。のち、『ツヴァイク伝記文学コレクション』第六巻、みすず書房、一九九八年所収。

J・ホイジンガ『エラスムス――宗教改革の時代』宮崎信彦訳、筑摩書房、一九六五年。のち、筑摩書房（ちくま学芸文庫）、二〇〇一年。

J・マッコニカ『エラスムス』高柳俊一・河口英治訳、教文館、一九九四年。

J・A・フルード『知性と狂信』池田薫訳、思索社、一九四九年。のち、思索社（思索選書）、一九五〇年。

金子晴勇『エラスムスとルター――一六世紀宗教改革の二つの道』聖学院大学出版会、二〇〇二年。

木ノ脇悦郎『エラスムス研究――新約聖書パラフレーズの形成と展開』日本基督教団出版局、一九九二年。

木ノ脇悦郎『エラスムスの思想的境地』関西学院大学出版会、二〇〇四年。

金子晴勇『エラスムスの人間学――キリスト教人文主義の巨匠』知泉書館、二〇一一年。

渡辺一夫『フランス・ルネサンスの人々』白水社、一九六四年。

渡辺一夫『渡辺一夫著作集』第四巻「ルネサンス雑考」中巻（増補版）、筑摩書房、一九七七年。

渡辺一夫『フランス・ユマニスムの成立』岩波書店、一九五八年。のち、岩波書店（岩波全書）、一九七六年。のち、『渡辺一夫著作集』第五巻「ルネサンス雑考」下巻（増補版）、筑摩書房、一九七七年所収。

・トマス・モアの作品テクスト
The Complete Works of St. Thomas More, 21 vols., New Heaven: Yale Univerity Press, 1963–97.

・トマス・モアに関する参考文献
Nicholas Harpsfield, *The Life and Death of Sr Thomas Moore, Knight, Sometymes Lord High Chancellor of England*, edited from eight manuscripts, with collations, textual notes, etc., by Elsie Vaughan Hitchcock, London: Oxford University Press（Early English Text Society Original Series）, 1932.
E. M. G. Routh, *Sir Thomas More and His Friends, 1477–1535*, London: Oxford University Press, 1934.
William Roper, *The Lyfe of Sir Thomas Moore, Knighte*, edited from thirteen manuscripts, with collations, etc., by Elsie Vaughan Hitchcock, London: Oxford University Press（Early English Text Society Original

Series), 1935.

Raymond Wilson Chambers, *Thomas More*, London: Jonathan Cape, 1935.

Ro: Ba, *The Life of Syr Thomas More, Somtymes Lord Chancellor of England*, edited from ms. Lambeth 179, with collations from seven manuscripts by Elsie Vaughan Hitchcock and P. E. Hallett, London: Oxford University Press (Early English Text Society Original Series), 1950.

John Duncan Mackie, *The Earlier Tudors, 1485–1558*, Oxford: Clarendon Press, 1952.

Pearl Hogrefe, *The Sir Thomas More Circle: A Program of Ideas and Their Impact on Secular Drama*, Urbana: University of Illinois Press, 1959.

Germain Marc'hadour, *L'univers de Thomas More: chronologie critique de More, Erasme, et leur époque (1477–1536)*, Paris: Vrin, 1963.

David Mathew, *The Courtiers of Henry VIII*, London: Eyre & Spottiswoode, 1970.

The Apologye of Syr Thomas More, Knyght, edited, with introduction and notes by Arthur Irving Taft, London: Oxford University Press (Early English Text Society Original Series), 1930.

John Alexander Guy, *The Public Career of Sir Thomas More*, New Haven: Yale University Press, 1980.

Richard Marius, *Thomas More: A Biography*, London: J. M. Dent & Sons, 1984.

トマス・モア『ユートピア』(改版)、澤田昭夫訳、中央公論社(中公文庫)、一九九三年。

トマス・モア『ユートピア』平井正穂訳、岩波書店(岩波文庫)、一九五七年。

澤田昭夫『トーマス・モア』有斐閣、一九五九年。

E・E・レイノルズ『モア』澤田昭夫訳、研究社出版、一九七一年。

澤田昭夫、田村秀夫、P・ミルワード編『トマス・モアとその時代』研究社出版、一九七八年。
——この書には、最初のモアの伝記とも言える、エラスムスのフッテン宛の書簡が収められている(澤田昭夫訳)。

田村秀夫編『トマス・モア研究』御茶の水書房、一九七八年。

カール・ヨハン・カウツキー『トマス・モアとユートピア』渡辺義晴訳、法政大学出版局、一九六九年。

田村秀夫『イギリス・ユートウピアの原型――トマス・モアとウィンスタンリ』(増補版)、中央大学出版部、一九七八年。

塚田富治『トマス・モアの政治思想――イギリス・ルネッサンス期政治思想研究序説』木鐸社、一九七八年。

J・H・ヘクスター『モアの「ユートピア」――ある思想の伝記』菊池理夫訳、御茶の水書房、一九八一年。

A・ケニー『トマス・モア』渡辺淑子訳、教文館、一九九五年。

ジョン・ガイ『トマス・モア』門間都喜郎訳、晃洋書房、二〇〇七年。

鈴木宜則『トマス・モアの思想と行動』風行社、二〇一〇年。

あとがき

ようやくエラスムスに関する私のささやかな本が陽の目を見ることとなった。長らく仮死状態にあったわが子が、息を吹き返したような気持ちである。本書を執筆したのは今から五年ほど前の二〇〇九年のことである。つまりこれは五年前の私が書いた本であって、今の私が書いた本ではない。「人は二度と同じ川に入ることはできない」とは確かヘラクレイトスのことばだが、今回それを強く実感している次第である。

宿願だった陶淵明についての本を書き終え、これも世に在るうちにぜひ書き残しておきたかった式子内親王論と、遺著にする覚悟で臨んだ西行論の執筆にかかるまでのわずかな間隙を利用しての著作であった。それまで一〇年近く細々と読みつづけていたエラスムスについても、少しばかり勉強したことを世に問うてみたいと思い、一夏を費やして一気呵成に書き上げたのが本書である。「プロローグ」でも述べたように、執筆の動機は、一六世紀のヨーロッパの知的世界に君臨したばかりか、北方ルネッサンスの巨星としてヨーロッパ文化に絶大な影響を及ぼしたこの知的巨人が、わが国では等閑視され、とりわけ人文主義者・文学者としての貌がまったくと言ってよいほど紹介され論じられることがないのを、残念に思ってのことであった。たとえ粗いタッチの素描であっても、これまでわが国では知られることのなかったエラスムスという知的巨人の横顔を描き紹介することは、あながち無意味ではなかろうと執筆時には思ったものである（時を経て多少冷静になって思えば、これは老耄書客の一時の気の迷いであったかもしれない）。中部大学の研究誌『ARENA』井上輝夫教授退任記念号（第八号、二〇一〇年）に、「エラスムスとギヨーム・ビュデ――奇妙な友情またはユマニストによるARENAでの闘い」なる一文を寄稿したことも、本書執筆をうながすひとつの動機となった。

その後上梓の見通しも立たぬままに草稿は筐底で（と言うも実は酒の空箱だが）眠りにつき、私もまた式子内親王や西行の世界に没頭し、この二人の詩人像を描くことに力を注いでいたので、私の中でエラスムスはもはや遠のきつつあったのである。ところが恥ずかしながら遺著とするはずの西行論を書き終えてもまだ、衰朽の身をもって世に永らえている始末である。そこで老残の日々を無為に過ごすのももったいなく思い、気を取り直して、時日を一年と限って、エラスムスに再び取り組むことにしたのであった。エラスムスに関する著書の上梓はともかく、脳力減退し、日々急速に悪化しつつある老人呆けがこれ以上進まぬうちに、せめてこの大先生の代表作の面影ぐらいはきちんと伝えておかねばならぬと思い立ち、蛮勇をふるって『痴愚神礼讃』の新訳にとりかかったのが昨年（二〇一三年）のことであった。翻訳によってでも、ひとつぐらいはエラスムス紹介の労をとらねば大先生に申し訳ないと、先生の弟子でもない男が、頼まれもせず義理もないのに勝手に思い込んだのであった。これぞ先生への報恩、勤労奉仕と心得て、猛暑の中冷房もない陋屋で、汗まみれになって翻訳したのである。幸い中央公論新社の郡司典夫氏の御理解を得て、これは今年なんとか上梓するまでに漕ぎつけた。

しかし本書執筆の時点では、私としてはみずからが『痴愚神礼讃』の訳者になることなぞはまったく念頭になかったのである。したがって本書は、『痴愚神礼讃』にしても、渡辺一夫・二宮敬訳と大出晁訳、戦前に出た池田薫訳のみが存在するという前提で書かれており、また執筆当時には、木ノ脇悦郎氏訳の『天国から締め出されたローマ法王の話』（二〇一〇年）もまだ世に出てはいなかった。悪戦苦闘したにもかかわらず『痴愚神礼讃』の翻訳が思いのほか速く進み、先に世に出てしまったのでなんだか妙な具合になり、私の内部でも本の内容にも齟齬が生じたが、「人は二度と同じ川に入ることはできない」。改めて草稿に手を加えたが五年近い歳月の空白はいかんともしがたく、直しは最小限にとどめざるを得なかった。『痴愚神礼讃——ラテン語原典訳』（二〇一四年）の解説に本書と重複する部分があるのはそのためである。本来ならばエラスムスの訳者として、本書を書き直さねばならぬ部分もあるのだが、目下生涯最後の大仕事に日々忙殺されていて、李商隠や蘇軾《そしょく》の詩文を読むのにも忙しく、時間的にも心理的にも、それをするだけの余裕がまったくない。それゆえ五年前の私が書いたものにほんの少々手を加え、そのままの形で世に問うこととなった。不本意ではあるが、これもやむを得ない。

本書の草稿を拾ってくださり、一書として世に出るようとりはからってくださったのは、岩波書店編集部の互盛央氏である。エラスムス研究に関しては一素人にすぎない者が書いたささやかな素描が、「岩波現代全書」の一冊として刊行されるに至ったのは、氏のお力によるところが大きい。最初「エラスムスの横顔」としていたタイトルを、『エラスムス——人文主義の王者』としてくださったのも互氏である。これも気恥ずかしいがありがたく頂戴することとした。また編集にたずさわってくださったのは岡林彩子さんで、編集者の立場からいろいろと有益な御意見をいただいた。女性らしい細やかな目配りで、老来万事疎放ずさんになっている老耄書客が気づかぬ細かな点を含めて、文章表現などあれこれ貴重な御指摘をいただきありがたかった。まことに感謝に堪えない。ただなんと言っても痴呆も進み、知力も記憶力も著しく衰え、「老来事事顚狂」の隠居の仕事ゆえ、それらを十分に活かしきれなかった部分もある。その点はおわびするしかない。本書に見られる誤り、不正確な点などはすべて頭の呆けた隠居の責任であることは言を俟たない。

またエラスムスに関する文献の借覧に御協力くださった不破有理慶應義塾大学教授、御架蔵のシヨマーラの研究書を快くお貸しくださった望月ゆか武蔵大学教授にも謝意を表する次第である。最後に、拙訳の『痴愚神礼讃』に斧鉞《ふえつ》を加えてくださった辱知の詩人中村鐵太郎氏は、今回も私の請いを容れて校正刷り原稿を読んでくださり、貴重な御意見を賜り、不確かなところを正してくださった。氏の深い学殖に頭を垂れ、御厚意に対して幾重にも御礼申し上げる。そしてもし本書を捧げるべき人がいるとすれば、ルネッサンス研究に深い関心をもち、その方面の名著を数多く世に出して、わが国のヨーロッパ文化研究に多大な貢献をした名編集者、亡き友二宮隆洋氏を措いてほかにない。惜しくも二〇一二年の春に泉下の人となられた氏に、拙いものながら本書の上梓を見ていただけなかったのは、痛恨のきわみである。

ともあれ一閑人の隠居仕事が、長い仮死状態を脱して陽の目を見ることは正直言ってうれしく、安堵の気持ちでいっぱいである。以て瞑すべし。この日本にも偶々奇特な読者がいて、本書がエラスムスという、往昔のおかしなオヤジを知る小さな道しるべになればさらにうれしい。Sed quis hunc libellum leget?

二〇一四年三月

枯骨閑人　沓掛良彦

■岩波オンデマンドブックス■

岩波現代全書 032
エラスムス　人文主義の王者

2014 年 5 月16日　第 1 刷発行
2025 年 4 月10日　オンデマンド版発行

著　者　沓掛良彦《くつかけよしひこ》

発行者　坂本政謙

発行所　株式会社 岩波書店
〒 101-8002 東京都千代田区一ツ橋 2-5-5
電話案内 03-5210-4000
https://www.iwanami.co.jp/

印刷／製本・法令印刷

ISBN 978-4-00-731546-6　　Printed in Japan